Gostaria de ter a **VERSÃO DIGITAL** deste livro?

CP127942

Caro Aluno,

Para facilitar o seu estudo diário, oferecemos a você **a versão digital do seu livro** com um desconto exclusivo. Para comprá-lo, basta utilizar o código de acesso abaixo.

Veja como:

1. **ACESSE** O SITE
www.aticascipione.com.br

2. Faça seu **cadastro**.

3. **Busque o título** que deseja.

4. Insira o **código de acesso***.

5. **Registre sua compra** e receba a confirmação.

6. **Pronto!** Você já tem acesso à versão digital deste livro, com todos os seus benefícios.

Complemente seu livro impresso e **maximize a sua experiência** de aprendizagem.

BENEFÍCIOS DO **LIVRO DIGITAL**

- Acesso imediato no tablet ou no computador.
- Portabilidade: você pode transportar todos os seus livros e acessá-los em qualquer momento e em qualquer lugar.
- Acesso aos diversos recursos de interatividade (verifique a disponibilidade).

CÓDIGO DE ACESSO
LAMC.10EC.BBF9.07DF

541829 LIV MARCHA HISTORIA E GEOGRAFIA - 3 ANO AL

*Seu código de acesso é exclusivo desta obra e intransferível.

editora ática editora scipione

HISTÓRIA E GEOGRAFIA

MARCHA CRIANÇA

3º ANO

Maria Teresa Marsico

Professora graduada em Letras pela Universidade Federal do Rio de Janeiro (UFRJ) e em Pedagogia pela Sociedade Unificada de Ensino Superior Augusto Motta. Atuou por mais de trinta anos como professora de Educação Infantil e Ensino Fundamental das redes municipal e particular no município do Rio de Janeiro.

Maria Elisabete Martins Antunes

Professora graduada em Letras pela Universidade Federal do Rio de Janeiro (UFRJ). Atuou durante trinta anos como professora titular em turmas do 1º ao 5º ano na rede municipal de ensino do Rio de Janeiro.

Armando Coelho de Carvalho Neto

Atua desde 1981 com alunos e professores das redes oficial e particular de ensino do Rio de Janeiro. Desenvolve pesquisas e estudos sobre metodologias e teorias modernas de aprendizado. É autor de obras didáticas para Ensino Fundamental e Educação Infantil desde 1993.

Agora você também consegue acessar o *site* exclusivo da **Coleção Marcha Criança** por meio deste QR code.

Basta fazer o *download* de um leitor QR code e posicionar a câmera de seu celular ou *tablet* como se fosse fotografar a imagem acima.

editora scipione

editora scipione

Diretoria de conteúdo e inovação pedagógica
Mário Ghio Júnior
Diretoria editorial
Lidiane Vivaldini Olo
Gerência editorial
Luiz Tonolli
Editoria de Anos Iniciais
Tatiany Telles Renó
Edição
Daniella Almeida Barroso (Boreal Edições)
Arte
Ricardo de Gan Braga (superv.),
Andréa Dellamagna (coord. de criação),
Gláucia Correa Koller (progr. visual de capa e miolo),
Yong Lee Kim (editor de arte) e
Casa de Tipos (diagram.)
Revisão
Hélia de Jesus Gonsaga (ger.), Rosângela Muricy (coord.),
Ana Curci e Heloísa Schiavo (prep.),
Gabriela Macedo de Andrade, Luís Maurício Boa Nova,
Vanessa de Paula Santos e Brenda Morais (estag.)
Iconografia
Sílvio Kligin (superv.), Denise Duran Kremer (pesquisa),
Cesar Wolf e Fernanda Crevin (tratamento de imagem)
Ilustrações
ArtefatoZ (capa), Ilustra Cartoon, Luis Moura,
Douglas Galindo, Fabio Sgroi, Osni de Oliveira
e Cícero Soares
Cartografia
Eric Fuzii, Marcelo Seiji Hirata, Marcio Souza,
Robson Rosendo da Rocha, Allmaps e DACOSTA MAPAS

Avenida das Nações Unidas, 7221, 3º andar, Setor D
Pinheiros – São Paulo – SP – CEP 05425-902
Tel.: 4003-3061
www.scipione.com.br / atendimento@scipione.com.br

Dados Internacionais de Catalogação na Publicação (CIP)
(Câmara Brasileira do Livro, SP, Brasil)

Marsico, Maria Teresa
Marcha criança : história e geografia, 3º ano : ensino fundamental / Maria Teresa Marsico, Maria Elisabete Martins Antunes, Armando Coelho de Carvalho Neto. – 13. ed. – São Paulo : Scipione, 2015. – (Coleção marcha criança)

Bibliografia.

1. Geografia (Ensino fundamental) 2. História (Ensino fundamental) I. Antunes, Maria Elisabete Martins. II. Carvalho Neto, Armando Coelho de. III. Título. IV. Série.

15-02856 CDD-372.89

Índice para catálogo sistemático:
1. História e geografia : Ensino fundamental 372.89

2015

ISBN 978 85 262 9572 8 (AL)
ISBN 978 85 262 9571 1 (PR)
Cód. da obra CL 738988
CAE 541 829 (AL) / 541 830 (PR)

13ª edição
1ª impressão

Impressão e acabamento
Brasilform Editora e Ind. Gráfica

Os textos sem referência são de autoria de Teresa Marsico e Armando Coelho.

Apresentação

Querido aluno, querida aluna,

Preparamos este livro com muito carinho especialmente para você. Ele está repleto de situações e atividades motivadoras, que certamente despertarão seu interesse e lhe proporcionarão muitas descobertas. Esperamos que com ele você encontre satisfação no constante desafio de aprender!

Ao final de cada Unidade apresentamos a seção **Ideias em ação**. Nela, você e seus colegas colocarão em prática alguns dos conhecimentos adquiridos no decorrer de seus estudos.

Além disso, como novidade, temos a seção **O tema é...**, trazendo para você temas para discutir, opinar e conhecer mais. De modo envolvente, essa seção preparará você e seus colegas para compreender melhor o mundo em que vivemos.

Crie, opine, participe, aprenda e colabore para fazer um mundo melhor. E lembre-se sempre de compartilhar seus conhecimentos com todos a sua volta.

Bons estudos e um forte abraço,

Maria Teresa, Maria Elisabete e Armando

Conheça seu livro

Este livro está dividido em duas partes: uma de História e outra de Geografia. Veja a seguir como o seu livro está organizado em cada uma dessas partes.

Unidade

Seu livro está organizado em quatro Unidades de História e quatro de Geografia. As aberturas são em páginas duplas. Em **Vamos conversar?** você e seus colegas discutem algumas questões e conversam sobre a imagem de abertura. Em **O que vou estudar?** você encontra um resumo do que vai aprender em cada Unidade.

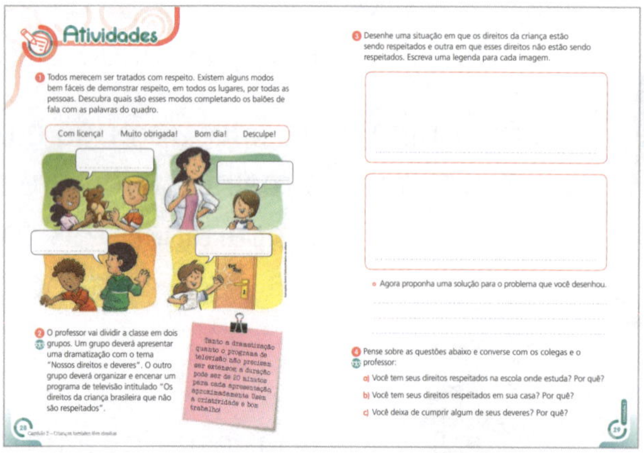

Atividades

Momento de aplicar o conhecimento na prática por meio de atividades diversificadas.

Saiba mais

Seção com curiosidades ou informações mais detalhadas sobre alguns temas relativos às disciplinas de História ou Geografia.

O tema é...

Seção que traz temas para você discutir, opinar e aprender mais!

Ideias em ação

Esta seção encerra a Unidade.
Nela, você faz experimentos e constrói objetos, seguindo algumas etapas.

Sugestões para o aluno

Seleção de livros para complementar seus estudos e ampliar seus conhecimentos.

Glossário

Para facilitar o entendimento, você encontra o significado de algumas palavras no final do livro. Essas palavras aparecem destacadas no texto.

Materiais de apoio

Caderno de criatividade e alegria

Material no final do livro que explora os conteúdos de História e Geografia de forma lúdica e criativa.

Caderno de mapas

Material avulso no qual você aprende mais sobre os mapas e outras representações cartográficas.

Página +

No final do livro, você encontra uma página especial ilustrada, que destaca alguns dos assuntos explorados no livro.

Quando você encontrar estes ícones, fique atento!

- atividade oral
- atividade no caderno
- atividade em grupo

OED Este ícone indica objetos educacionais digitais (OEDs) relacionados aos conteúdos do livro. Acesse: <www.marchacrianca.com.br>.

Sumário geral

Este livro está dividido em duas disciplinas:

HISTÓRIA

GEOGRAFIA

HISTÓRIA

Sumário

PhotoDisc

Coleção particular

Daniel Kondo/Arquivo da editora

Augusto Malta/Acervo Instituto Moreira Salles, Rio de Janeiro, RJ

Ismar Ingber/Pulsar Imagens

Ilustra Cartoon/Arquivo da editora

UNIDADE 1

Os direitos das crianças

Vamos conversar?

- Você sabia que as crianças têm direitos?
- Você conhece algum direito das crianças? Qual?

O que vou estudar?

- Ser criança
- A história de cada um
- Os direitos da criança
- Brincadeiras de criança

Ilustra Cartoon/
Arquivo da editora

Brincar
Direitos
Moradia
Respeitem nossos direitos
- Estudo
- Família
- Comida
- Moradia
- Brincar
Respeito ao acesso à comida e moradia digna

Capítulo 1

Você e sua história

Estamos começando mais um ano escolar.

É hora de rever amigos do ano passado e conhecer novas pessoas. Os amigos que você fez desde que entrou na escola já fazem parte da sua história. Com certeza, no futuro você vai se lembrar de muitos deles e das coisas que fizeram juntos.

Nos próximos anos, você vai continuar crescendo e vai estudar coisas novas e interessantes. Esses conhecimentos também interferem na sua história, pois será a partir deles que você poderá decidir sua profissão no futuro e descobrir as coisas de que gosta.

Ilustra Cartoon/Arquivo da editora

Tudo o que você viveu ou vive hoje faz e fará parte da sua história.

De um ano para outro, bastante coisa deve ter mudado na sua vida. Você se lembra de como era no ano passado, no início do 2º ano? E os fatos que aconteceram durante as férias mudaram algo em sua vida?

Nós aprendemos o tempo todo com as pessoas com quem convivemos e com as experiências pelas quais passamos. Alguns acontecimentos são mais marcantes do que outros, mas todos são importantes em nossa vida.

Isso tudo faz parte da sua história de vida. E a história de cada um de nós pode ser contada a partir de vários acontecimentos.

Na ilustração abaixo um menino está mostrando uma foto que registra um acontecimento marcante em sua infância.

- O que você imagina ter acontecido? Converse com os colegas a respeito dessa experiência.

Ilustra Cartoon/Arquivo da editora

Atividades

1 Responda às perguntas.

a) Quando começaram as aulas este ano, você conhecia todos os alunos da sua turma?

....

b) E no ano passado, você conhecia todos os alunos no primeiro dia de aula?

....

c) O que você fez para saber o nome dos colegas que não conhecia?

....

....

2 Desenhe algo que você gosta de fazer quando não está na escola.

3 Você também tem fatos importantes que fazem parte de sua história. Escolha um desses fatos e descreva-o. Use as questões a seguir como roteiro.

a) O que aconteceu?

....

....

....

b) Por que esse fato é importante para você?

....

....

....

c) Quem participou desse fato?

....

....

....

4 Você viu que é possível descrever um fato importante da vida com base em fotos e lembranças.

- Além das lembranças em sua mente, qual outro registro você tem do fato que descreveu na atividade 3?

  Marque os quadradinhos correspondentes:

  ◯ fotos antigas

  ◯ gravações de áudio

  ◯ gravações de vídeo

  ◯ brinquedos

  ◯ outro ....

A infância

A infância é o estágio inicial da vida do ser humano. Nascemos bem pequeninos e, aos poucos, vamos crescendo e nosso corpo vai se transformando.

Michel Borges/Shutterstock

Bebê

Tony Cordoza/ Alamy/ Glow Images

Criança de 3 anos

Mike Kemp/Glow Images

Criança de 8 anos

É durante a infância que se aprendem muitas coisas sobre como conviver com os outros e como fazer uma série de coisas importantes para a sobrevivência. Desde bebês, nossos pais ou responsáveis e outros adultos nos orientam e nos ensinam o que podemos e devemos fazer no dia a dia e como nos comportar na convivência com as outras pessoas.

- Observe as fotos. O que os adultos estão ensinando às crianças?

Simon Jarratt/Corbis/Latinstock

Ersler Dmitry/Shutterstock/Glow Images

Sandra Gligorijevic/Shutterstock/Glow Images

As crianças não devem trabalhar, pagar contas ou cuidar sozinhas da casa. Isso porque elas ainda estão aprendendo muitas coisas sobre a vida e só no futuro precisarão fazer tudo o que os adultos fazem.

Quando crianças, às vezes não percebemos os perigos de algumas coisas que fazemos. Os adultos nos alertam para que possamos aprender a não fazer mais essas coisas, ou fazê-las de um jeito menos perigoso ou prejudicial.

As crianças têm direto de brincar e de ir à escola. As brincadeiras possibilitam que as crianças aprendam muitas coisas. Com elas, podemos conhecer melhor os nossos amigos e colegas e também descobrir coisas novas das quais passamos a gostar.

Embora as crianças não devam trabalhar como os adultos, é importante que elas os ajudem nas tarefas de casa, para aprenderem como cuidar da própria casa no futuro.

Ilustrações: Ilustra Cartoon/Arquivo da editora

Leia o texto e veja o que Bia pensa sobre o que é ser criança.

Os adultos vivem dizendo que ser criança é uma maravilha. Que é só brincadeiras e diversão. Acho que eles falam isso porque não lembram mais do tempo em que foram crianças.

Ser criança não é tão fácil quanto eles acham. Tudo quanto é adulto quer mandar na gente. Minha avó vive dizendo:

— Menina, não fala de boca cheia, é feio!

Outro dia, fui falar de boca cheia em frente ao espelho para ver se era feio mesmo. E o pior é que também achei... Minha mãe tem suas broncas:

— Menina, abaixe o volume da TV senão você vai ficar surda!

Tudo bem, eu exagero no som, mas ela também não explica como eu vou escutar o que está rolando na TV com os adultos conversando ou com o aspirador de pó ligado...

Mas o pior de ser criança é ter de aguentar aquelas tias que não percebem que a gente cresceu. Elas ficam apertando nossa bochecha na frente de todo mundo. Maior mico. Outro dia eu me revoltei:

— Tia, eu não sou mais uma criança infantil!

Minha tia Sueli ficou meio encabulada, mas reagiu:

— Não? Então o que você é?

Minha vontade era dizer que eu sou uma pré-adolescente, mas achei que ia parecer que eu era muito metida. Então, inventei na hora:

— Já tenho oito anos. Eu sou uma "criança média"!

Ilustra Cartoon/Arquivo da editora

Bia na África, de Ricardo Dreguer. São Paulo: Moderna, 2007.

Atividades

1 Quem conta a história que você acabou de ler:

( ) é um adulto.   ( ) é uma criança.

2 Cada um de nós tem o seu jeito de ser. No texto, o que a menina pensa sobre o que é ser criança?

( ) É uma maravilha.

( ) É fácil ser criança.

( ) Não é tão fácil quanto os adultos acham.

3 Escreva o pensamento de Bia, a menina do texto, e também o seu sobre os seguintes assuntos.

a) Os adultos:

• Bia	• Você
....	....
....	....
....	....

b) O pior de ser criança:

• Bia	• Você
....	....
....	....
....	....

4. Qual é a idade de Bia? O que ela inventou para dizer o que ela é com essa idade?

5. Qual é a sua idade? O que você acha que é com essa idade? Por quê?

6. Observe as imagens a seguir. Elas mostram como vivem duas crianças: Iara e Tatiana.

- Onde Iara mora:

Em uma oca na aldeia indígena.

- Onde Tatiana mora:

Em um sobrado na cidade.

Ilustrações: Ilustra Cartoon/Arquivo da editora

- Cotidiano de Iara:

- Cotidiano de Tatiana:

Ilustrações: Ilustra Cartoon/Arquivo da editora

a) Quais são as semelhanças entre a vida das duas meninas?

....

....

b) Quais são as diferenças?

....

....

....

c) Seu dia é mais parecido com o de Iara ou o de Tatiana? Por quê?

....

....

....

O tema é...

A saúde na infância

O direito das crianças à saúde envolve vários tipos de cuidado: boa alimentação, cuidados de higiene, moradia adequada, consultas regulares para acompanhamento do crescimento e do desenvolvimento infantil, imunização e segurança.

Toda hora é hora de cuidar: cartilha da família, do Unicef. p. 24. Disponível em: <www.unicef.org/brazil/pt/todahoracartilha.pdf>. Acesso em: 5 mar. 2015. (Texto adaptado).

zzveillust/Shutterstock/Glow Images

Nossa saúde também depende de cuidados de segurança.

- Qual é a importância de cuidarmos de nossa saúde?
- Você concorda com o entendimento de que as crianças precisam de cuidados especiais? Por quê?

- Que cuidados de segurança podem ser adotados para evitar acidentes e ferimentos e manter a saúde da criança?
- Compartilhe com seus colegas exemplos de situações em que os cuidados de segurança evitaram acidentes e riscos à sua saúde.

microvector/Shutterstock/Glow Images

Ter uma alimentação saudável é de extrema importância em qualquer idade, pois auxilia diretamente na manutenção da saúde e do bem-estar do indivíduo. Durante a infância, o valor dessa alimentação adequada e saudável se torna muito maior, pois as crianças se encontram em fase de intenso crescimento e desenvolvimento.

Conheça os mitos e verdades sobre a alimentação infantil. Disponível em: <www.brasil.gov.br/saude/2014/09/conheca-mitos-e-verdades-sobre-a-alimentacao-infantil>. Acesso em: 28 jan. 2015. (Texto adaptado).

- Você consome alimentos como verduras, frutas e legumes? Você considera importante comer esses alimentos? Por quê?
- Você conhece formas divertidas e gostosas de consumir alimentos saudáveis? Compartilhe com seus colegas.

Shutterstock/Glow Images

- Por que escovamos os dentes? E o fio dental, qual é a função dele?
- Que cuidados você tem com seus dentes?

Lorelyn Medina/Shutterstock/Glow Images

Os cuidados com a saúde dependem também de nossa participação. A saúde dos nossos dentes, por exemplo, está ligada à alimentação e a uma boa escovação.

Capítulo 2

Crianças também têm direitos

OED

Você já ouviu falar em um documento chamado Declaração dos Direitos da Criança? Esse documento foi aprovado em 1959 pela Organização das Nações Unidas, a ONU. Trata-se de uma adaptação de algumas partes da Declaração Universal dos Direitos Humanos e contém os direitos básicos das crianças de todo o mundo. Veja:

1. Toda criança do mundo deve ter os mesmos direitos, independentemente de sua cor, língua, religião, classe social, país de origem ou sexo.

2. Toda criança tem direito a proteção especial. Toda criança deve ser protegida e bem tratada.
3. Desde o dia em que nasce, toda criança tem direito a um nome e a uma nacionalidade.
4. Toda criança tem direito a alimentação, habitação, recreação e assistência médica.

5. Crianças com deficiência física ou mental devem receber educação e cuidados especiais.

Ilustrações: Ilustra Cartoon/Arquivo da editora

6. Toda criança deve crescer em um ambiente de amor, segurança e compreensão. Quando a criança não tiver família, o governo e a sociedade devem protegê-la.

7. Toda criança tem direito de brincar e se divertir e de receber educação escolar gratuita.

8. Em situações de emergência ou acidente, ou em qualquer outro caso, a criança deverá ser a primeira a receber proteção e socorro.

9. Nenhuma criança deverá ser abandonada, sofrer crueldade ou exploração nem trabalhar antes da idade mínima para isso.

10. Toda criança deverá crescer em um ambiente de compreensão, tolerância e amizade, de paz e de fraternidade, protegida contra qualquer tipo de preconceito.

Declaração dos Direitos da Criança, proclamada em 20 de novembro de 1959 pela Assembleia Geral das Nações Unidas. Disponível em: <www.unicef.org/brazil/pt/resources_10127.htm>. Acesso em: 18 mar. 2015. (Texto adaptado).

Como você pôde ver no texto da Declaração, brincar, estudar, ter um lar, alimento e roupas para vestir são direitos de todas as crianças. E é dever dos adultos garantir esses direitos.

Mas, provavelmente, você já viu ou conhece crianças que não exercem todos esses direitos.

Ilustra Cartoon/Arquivo da editora

Há em todo o mundo um número grande de crianças que não têm ninguém que as ajude a ter seus direitos realizados. E muitas outras convivem com adultos que não se preocupam com esses direitos.

Saiba mais

Como ajudar a melhorar a vida das crianças

Todo mundo pode fazer alguma coisa para melhorar a vida das crianças brasileiras. [...]

Até você pode ajudar. A primeira coisa a fazer, e a mais importante, é conhecer seus direitos e saber que as outras crianças do Brasil e de todo o mundo têm direitos iguais aos seus.

Quanto mais você souber, mais poderá cobrar dos adultos o respeito a seus direitos.

Unicef Kids. Disponível em: <www.unicefkids.org.br/pag_texto.php?pid=7>. Acesso em: 18 mar. 2015.

Direito de estudar e aprender

Frequentar a escola é um dos direitos de todas as crianças. Como você viu, esse é um dos itens da Declaração dos Direitos da Criança.

Ilustra Cartoon/Arquivo da editora

Porém muitas crianças não frequentam a escola porque precisam trabalhar.

- Por que isso acontece? Converse sobre esse assunto com os colegas, o professor e as pessoas de sua casa.

Direitos e deveres na escola

Para que a escola funcione bem, todos devem colaborar, respeitando os direitos dos outros e cumprindo os seus deveres.

Veja os cartazes que os alunos desta classe fizeram com os direitos e os deveres de cada um na escola.

Ilustra Cartoon/Arquivo da editora

Como ficaria o dia a dia na escola se as pessoas não cumprissem seus deveres? E se não tivessem seus direitos respeitados? Ficaria tudo muito difícil, não é?

Veja na ilustração como os alunos fizeram para ter uma sala de aula mais agradável:

Ilustra Cartoon/Arquivo da editora

O trabalho em equipe facilita as tarefas. Todos se esforçam, se ajudam, colaboram, e cada pessoa realiza uma parte das tarefas.

Atividades

1 Todos merecem ser tratados com respeito. Existem alguns modos bem fáceis de demonstrar respeito, em todos os lugares, por todas as pessoas. Descubra quais são esses modos completando os balões de fala com as palavras do quadro.

Com licença!	Muito obrigada!	Bom dia!	Desculpe!

Ilustrações: Ilustra Cartoon/Arquivo da editora

2 O professor vai dividir a classe em dois grupos. Um grupo deverá apresentar uma dramatização com o tema "Nossos direitos e deveres". O outro grupo deverá organizar e encenar um programa de televisão intitulado "Os direitos da criança brasileira que não são respeitados".

Tanto a dramatização quanto o programa de televisão não precisam ser extensos; a duração pode ser de 20 minutos para cada apresentação, aproximadamente. Usem a criatividade e bom trabalho!

3 Desenhe uma situação em que os direitos da criança estão sendo respeitados e outra em que esses direitos não estão sendo respeitados. Escreva uma legenda para cada imagem.

....

....

- Agora proponha uma solução para o problema que você desenhou.

....

....

....

4 Pense sobre as questões abaixo e converse com os colegas e o professor:

a) Você tem seus direitos respeitados na escola onde estuda? Por quê?

b) Você tem seus direitos respeitados em sua casa? Por quê?

c) Você deixa de cumprir algum de seus deveres? Por quê?

Brincar é bom

Onde há crianças há brinquedos e brincadeiras. Como vimos na Declaração dos Direitos da Criança, todas as crianças têm o direito de brincar. Com as brincadeiras, o ser humano aprende muitas coisas, desenvolve o corpo, o raciocínio e as emoções.

- Observe as brincadeiras a seguir. Qual ou quais dos brinquedos e das brincadeiras você conhece?

Sérgio Dotta Jr./The Next

Leonid Streliaev/NextFoto

Sérgio Dotta Jr./The Next

PhotoDisc

Dynamic Graphics

Atividades

1 Escreva o nome das brincadeiras ou dos brinquedos que você observou nas fotos da página anterior.

2 Você já brincou com algum desses brinquedos ou de alguma dessas brincadeiras? Qual(is)? Explique como foi.

3 Desenhe, em uma folha à parte, sua brincadeira ou seu brinquedo preferido. Se quiser, escreva algo sobre ele embaixo do desenho.

4 Do que você gosta mais: brincar sozinho ou com seus amigos? Explique sua escolha.

Capítulo 3 Quem sou eu?

Já pensou se você fizesse esta pergunta a várias pessoas?

Ilustrações: Ilustra Cartoon/Arquivo da editora

Cada pessoa com quem você se relaciona no dia a dia pensa algo diferente sobre você. Seus pais ou as pessoas que cuidam de você se preocupam em educá-lo e dar seu sustento.

Seu médico presta atenção na sua saúde.

Seus colegas veem você como um amigo e gostam de chamá-lo para brincar ou conversar.

Atividades

1 Imagine o que as pessoas responderiam à sua pergunta "Quem sou eu?". Faça essa pergunta ao maior número possível de pessoas e monte uma lista, no caderno, com todas as respostas. Depois, escolha uma das opiniões e registre-a abaixo.

....

....

....

- Viu como as pessoas têm opiniões diferentes a seu respeito? Por que isso acontece? Responda oralmente e troque ideias com os colegas.

2 Quem é você nas situações abaixo? Ligue os itens correspondentes nas duas colunas.

Ao viajar em um avião sou...

Ao ser consultada por uma médica sou...

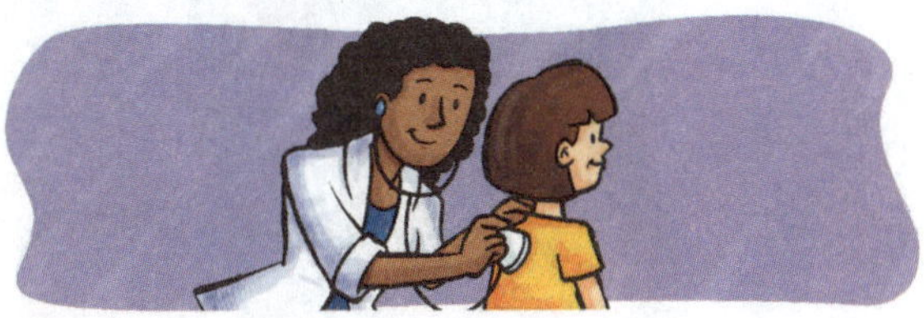

Quando estou na sala de aula sou...

estudante

passageiro

paciente

Ilustrações: Ilustra Cartoon/Arquivo da editora

Capítulo 4

Meninas e meninos

Qual é a diferença entre meninas e meninos? Será que todos têm os mesmos gostos? Meninos podem brincar com meninas?

Pense sobre isso e leia o texto a seguir.

Homem não chora?

Ouvem-se alguns berros no quarteirão: duas crianças caíram do gira-gira, que estava muito rápido. Felizmente não aconteceu nada grave, mas tiveram uns arranhões numa aterrissagem forçada.

O pai da garotinha corre para socorrê-la e acalmá-la, enxugando suas lágrimas. O pai do garoto corre para levantá-lo, dá um abraço nele e diz:

— Vamos, pare de chorar! Você é homem.

Todos nós já ouvimos isso pelo menos uma vez na vida. Um adulto dizendo ao filho que homem não chora. Que isso é coisa de menina.

As lágrimas aparecem por causa do medo, da tristeza, da dor, ou até mesmo da alegria, da felicidade que sentimos. Elas revelam muitas coisas, é como se fossem uma linguagem. E por que só as meninas teriam direito a essa linguagem?

Ora, os meninos também têm glândulas lacrimais, que são pequenas bolsas na parte interna dos olhos que produzem as lágrimas. Foram as pessoas que inventaram essa história de que só as mulheres podem chorar.

Ilustra Cartoon/Arquivo da editora

Os meninos e as meninas, de Brigitte Labbé e Michel Puech. São Paulo: Scipione, 2004.

Atividade

- Leia o texto sobre meninas e meninos.

Monkey/Business/Shutterstock/Glow Images

Você sabe que existe uma diferença... E talvez ache isso estranho, não é? Pode parecer meio bobo haver modos de agir próprios de meninos e de meninas. Mas você não deve ligar para frases como "menina não sobe em árvore" ou "menino não chora". Você acha mesmo que é assim? Vida de menina e vida de menino podem ser diferentes, mas serão maravilhosas se forem vividas de coração aberto e com muito amor.

Diga-me quem sou, de Christiane Baradeau e Anne Bozellec. São Paulo: Scipione, 1995.

Agora, converse com os colegas e responda às perguntas.

a) Você acha que há diferenças entre meninas e meninos? Por quê? Se achar que existem, quais são essas diferenças?

b) Em sua opinião, existem brincadeiras das quais somente os meninos ou somente as meninas podem participar? Por quê?

Ideias em ação

Representando os deveres e direitos das crianças

As crianças possuem direitos e deveres. No entanto, é importante reconhecê-los a fim de garantir que sejam respeitados por nós e pelas outras pessoas.

Nesta atividade, vamos retomar alguns direitos e deveres das crianças e representar algumas situações em que eles aparecem.

Dividam-se em grupos para preparar esta atividade.

Material necessário

- cartolina verde
- cartolina amarela
- tesoura
- lápis
- borracha

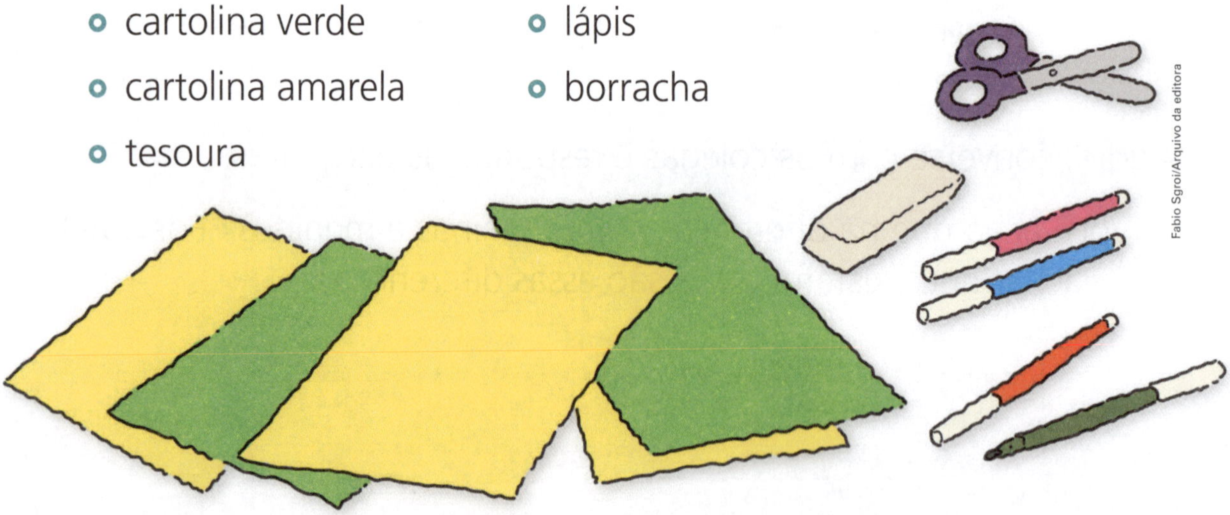

Fabio Sgroi/Arquivo da editora

Como fazer

1. Recortem diversos pedaços de cartolina das duas cores. Cada pedaço deve ter aproximadamente as seguintes dimensões: 25 cm × 20 cm.
2. Discutam entre si quais são os direitos e deveres das crianças que mais influenciam a vida delas. Nos pedaços de cartolina verde vocês devem indicar um direito das crianças. Na cartolina amarela, escrevam um dever delas.

Ilustrações: Fabio Sgroi/Arquivo da editora

3. Vocês conhecem situações em que esses direitos e deveres foram importantes? Compartilhem entre si suas experiências.

4. Para cada direito escrito por vocês nas cartolinas, selecionem uma situação que mostre como ele é importante na vida das crianças. Façam o mesmo com os deveres.

5. Em seguida, organizem uma pequena apresentação teatral para demonstrar duas situações selecionadas pelo grupo, uma relacionada a um direito e outra, a um dever.

UNIDADE 2

A história das famílias

Vamos conversar?

- Sua família é grande ou pequena?
- Vocês se encontram sempre? Como são esses encontros?

O que vou estudar?

- A família
- A história das famílias e as tarefas de cada um de seus membros
- As relações familiares

Ilustra Cartoon/Arquivo da editora

Capítulo 5

A família

Quando nascemos, passamos a fazer parte de uma família e passamos também a fazer parte da história dessa família.

- Você conhece a história da sua família?
- Como você fez para conhecer a história da sua família? Converse com os colegas.

Veja as fotografias a seguir. Elas retratam algumas famílias.

Monkey Business Images/Shutterstock/Glow Images

Monkey Business/Shutterstock/Glow Images

Monkey Business Images/Shutterstock/Glow Images

Monkey Business/Shutterstock/Glow Images

Como você vê, as famílias são formadas de diversas maneiras, e isso pode ocorrer por diferentes motivos.

A sua família

Você viu que nem todas as famílias são iguais.

Leia o texto e conheça um pouco da família de um menino.

Manobras radicais

Um dia, uns amigos me convidaram pra ir com eles a uma pista de verdade. Minha mãe teve medo, mas deixou. Ela me fez prometer que ia tomar muito cuidado.

Na volta pra casa, meu pai estava me esperando na porta do prédio. Ele se chama Marco. Ele e minha mãe se separaram quando eu ainda era bem pequeno. De quinze em quinze dias, ele vem me buscar pra passar o fim de semana com ele.

Logo que me viu, meu pai perguntou:

– Onde você estava até essa hora, menino?

– Fui encontrar os manos do *skate*, mas na volta o busão ficou entalado no trânsito. – Meu pai fez cara de reprovação pro meu jeito de falar na gíria paulistana e reaproveitou para questionar minhas roupas:

– Por que você está vestindo essas roupas enormes? Não tinha o seu número na loja?

– Esse é o estilo dos *skatistas*, pai!

Meu pai me abraçou forte e fomos embora pra casa dele.

Ilustra Cartoon/Arquivo da editora

O *skatista* e a ribeirinha: encontro da cidade com a Floresta Amazônica, de Ricardo Dreguer. São Paulo: Moderna, 2009.

- Como é a família desse menino? Converse com os colegas.
- Que tal mostrar aos colegas como é formada a sua família? Faça um desenho, em uma folha de papel, mostrando você e as pessoas da sua família que vivem na sua casa.

Atividades

1 Vamos fazer a ficha de sua família?

a) Primeiro escreva o nome de todas as pessoas que moram com você.

b) Depois anote que parentesco cada pessoa tem com você (se é seu pai, mãe, irmão, tia, primo, avô...).

c) Por fim, complete a última coluna com a idade e o sexo de cada pessoa.

d) Escreva, em outra cor, as mesmas informações sobre pessoas que já moraram com você e hoje não moram mais.

Pessoas que moram comigo	Parentesco	Idade e sexo

2 Observe novamente as fotos de famílias da página 40 e, depois, responda às questões abaixo.

a) Com qual delas sua família é mais parecida?

....

....

b) Quais as diferenças entre a sua família e aquela que você escolheu no item **a**?

....

....

....

c) Certamente existem muitas famílias no mundo parecidas com a sua. Você conhece alguma delas? Você acha que as crianças que vivem nessas famílias gostam delas? Por quê?

....

....

....

Saiba mais

Ter uma família

Toda criança deve viver com sua família. Família, no caso, não é só a tradicional, composta da mamãe, do papai e dos irmãozinhos. Pode ser só o pai ou a mãe, uma avó, uma tia... alguém que a queira bem e a trate com amor e carinho.

A família é muito importante para uma criança crescer feliz, e os pais são os principais responsáveis por seu desenvolvimento saudável.

No Brasil, existem várias situações em que isso não acontece. É dever de todos assegurar que uma criança possa crescer em família.

A proteção à criança brasileira. Unicef Kids. Disponível em: <www.unicefkids.org.br/pag_texto.php?pid=11>. Acesso em: 19 mar. 2015.

Capítulo 6

Vida em família

Em nossa vida, participamos de vários grupos: os parentes da família, os colegas e o professor da escola, os vizinhos da rua e outros.

A família é o primeiro grupo social com quem convivemos.

Veja como cada uma destas crianças participa da vida de sua família:

Ilustrações: Ilustra Cartoon/Arquivo da editora

O depoimento dessas crianças mostra como cada um tem lembranças diferentes de sua família e como cada família cria formas especiais de se unir e de se relacionar.

Geralmente, os pais ou os responsáveis pelas crianças buscam transmitir a elas sentimentos e comportamentos que consideram importantes.

Veja o que o pai de Daniel disse para ele:

Ilustra Cartoon/Arquivo da editora

Todos nós precisamos viver em grupo e nos relacionar uns com os outros.

Na família e nos outros grupos, as pessoas devem colaborar para o bem-estar de seus integrantes. É importante que haja união, harmonia e respeito entre todos.

Saiba mais

Os filhos podem ser adotados

Há crianças que não vivem com sua família de origem. [...]

Abrigos

Quando uma criança não vive com uma família, ela deve ficar sob a guarda do Estado e, se isso acontecer, ela vai morar em um abrigo. O ideal é que ela fique ali apenas provisoriamente, até ter uma família para viver.

Ilustrações: Ilustra Cartoon/Arquivo da editora

Guarda provisória

Geralmente a criança só sai do abrigo quando uma família quer adotá-la. Mas, antes, ela pode ficar por um tempo sob os cuidados de alguém, até que um juiz decida com quem ela vai morar.

Família adotiva

Quando uma família adota uma criança, deve se responsabilizar inteiramente por ela, protegendo e cuidando dela. A criança passa a fazer parte legítima da família.

Convivendo com a família, de Laura Jaffé e Laure Saint-Marc. São Paulo: Ática, 2004. (Texto adaptado).

Capítulo 7
As tarefas de cada membro familiar

Leia o depoimento da menina Laura sobre a sua rotina familiar.

Ilustrações: Ilustra Cartoon/Arquivo da editora

Atividades

1 Você tem o hábito de ajudar seus familiares nas tarefas de casa? Anote abaixo o que você costuma fazer.

2 Observe as fotos e escreva uma legenda para cada uma delas.

Yuri Arcurs/Shutterstock/Glow Images

PhotoDisc

Sérgio Dotta Jr./The Next

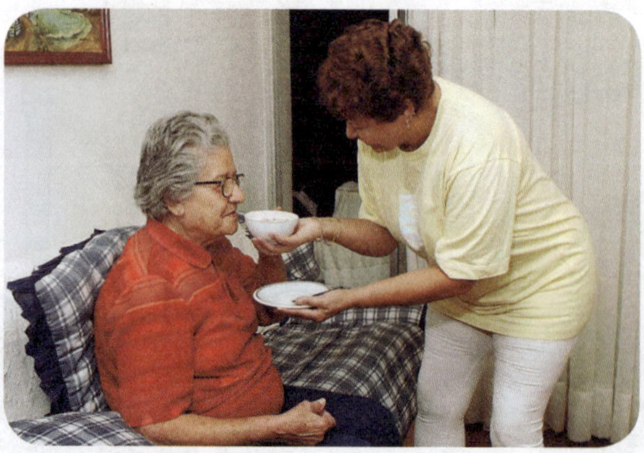

Catarina Bernardi/Corbis/Latinstock

3 Leia os textos abaixo. Imagine o que você faria se estivesse nestas situações e depois escreva o que imaginou.

Você precisa ir à escola fora de seu horário de aulas para ensaiar uma apresentação, mas sua mãe não pode levar você.

....

....

....

....

Ilustrações: Ilustra Cartoon/Arquivo da editora

Um colega lhe telefona convidando-o para um passeio. Seu pai diz que você só pode ir após fazer a lição de casa, mas seu colega não quer esperar.

....

....

....

....

Ao levantar-se para pegar um livro, você encontra um relógio no chão da sala de aula, mas não sabe quem é o dono desse objeto.

....

....

....

....

O tema é...

Há brincadeiras e brinquedos só para meninos ou meninas?

Patricia de Melo Moreira/ Agência France-Press

A brasileira Marta é um dos maiores destaques do futebol feminino mundial. Na fotografia, partida final da Liga dos Campeões, um campeonato europeu (Portugal, 2014).

Anastasia Mishchenko/Demotix/Corbis/Latinstock

O brasileiro Thiago Soares é um dos bailarinos do Royal Ballet, uma importante instituição de dança na Inglaterra. Fotografia de 2014.

- Você costuma pensar no balé como uma atividade de meninas? E o futebol, você associa aos meninos? Na sua opinião, por que isso acontece?
- Você conhece outras atividades que são associadas às meninas ou aos meninos? Quais?

Pesquisa feita com meninas de 6 a 14 anos concluiu que ainda persiste na cultura brasileira a ideia de que os trabalhos domésticos são atribuição da mulher. A quantidade de meninas que cozinham, lavam a louça, limpam a casa e cuidam dos irmãos é pelo menos três vezes maior que dos meninos da mesma idade.

Disponível em: <www.ebc.com.br/infantil/para-pais/galeria/videos/2014/09/pesquisa-revela-desigualdade-de-genero-entre-criancas>. Acesso em: 30 jan. 2015. (Texto adaptado).

Albina Tiplyashina/Shutterstock/Glow Images

Ao brincar de boneca, a criança aprende a cuidar de alguém mais frágil.

- Você pensa que brincar de boneca é uma atividade só para meninas?
- Se os homens adultos precisam saber como cuidar de seus filhos, por que os meninos não?
- Qual é sua opinião sobre a divisão de tarefas domésticas entre os membros da família?

"Algumas meninas gostam de super-heróis, algumas meninas gostam de princesas! Alguns meninos gostam de super-heróis, alguns meninos gostam de princesas! Então por que todas as garotas têm que comprar coisas rosa e todos os meninos têm que comprar coisas de outra cor?"

Disponível em: <http://colunas.revistaepoca.globo.com/mulher7por7/2011/12/26/a-revolta-de-riley-com-o-pink>. Acesso em: 30 jan. 2015.

A frase acima é da Riley, uma garotinha dos Estados Unidos que gravou um vídeo reclamando dessa divisão dos brinquedos.

- Você concorda com a Riley?
- Você conhece meninas que gostam de brinquedos de super-heróis? E meninos que gostam de bonecas? Converse com seus pais sobre esses brinquedos e compartilhe suas descobertas com os colegas.
- Você conhece meninos que evitam utilizar a cor rosa? Por que eles não usam essa cor?

Capítulo 8

A família tem história

OED

Geralmente guardamos várias recordações de acontecimentos ocorridos em nossa vida, principalmente fotografias e objetos, como relógios antigos, roupas, louças, entre outros.

Esses documentos são importantes para relembrar a história da família.

Veja a foto abaixo. Observe a aparência e o modo de vestir-se das pessoas.

Coleção de Felício Marmo

Família posando para foto em Tupã (SP), cerca de 1920.

Na época em que a foto foi tirada, as famílias eram quase sempre grandes, com muitos parentes morando juntos. Os casais costumavam ter vários filhos.

As mulheres, na maioria das vezes, ficavam em casa, cuidando dos filhos e das tarefas domésticas. Muitas mulheres não tinham emprego.

- E hoje, ainda é assim? Você conhece alguma família com muitos filhos? Quantos?
- Atualmente, muitas mulheres têm um emprego. Como é na sua família? As mulheres adultas trabalham fora de casa?

Podemos conhecer as lembranças de família sobre acontecimentos marcantes na vida de algumas pessoas.

Leia estas lembranças.

Lembrar

Ilustra Cartoon/Arquivo da editora

Você lembra, pai, daquela vez em que quase me envenenei por teimar em comer uma fruta que você sabia que não me faria muito bem? Lembro-me de você me carregando em seu colo, repetindo: "Viu, não falei que isso ia acontecer?". Ainda assim, não percebi na sua voz nenhum tom de reprimenda, senti carinho.

Você lembra, pai, que eu gostava muito de chupar manga no pé? Aprendi com você! Foi você que me contou sobre a doçura da fruta quando é tirada do pé. É como a mãe que alimenta um filho. A fruta tirada do pé e comida na mesma hora traz a seiva da terra, mãe de todos nós. Além disso, sentar nos galhos da árvore é o mesmo que estar no colo da mãe, sendo embalado e ouvindo as músicas de nossos antepassados trazidas pelo vento... Foi isso que você me disse uma vez, quando a gente estava sentado embaixo daquela velha mangueira que sombreava nossa casa. Você lembra?

Você lembra, pai?, de Daniel Munduruku. São Paulo: Global, 2003.

- O que chamou mais a sua atenção nessa história? Converse sobre isso com os colegas.

Atividades

1 Veja as recordações de família que Ana levou para a escola:

a) Pergunte em casa se há algum objeto que lembre um acontecimento importante da família.

b) Desenhe-o em uma folha à parte e mostre aos colegas, explicando o acontecimento que ele lhe faz lembrar.

2 Escolha alguém de sua família e escreva um fato que ocorreu com você e essa pessoa. Pode ser sua mãe, seu pai, seu avô, sua avó, entre outros. Comece assim:

Você lembra, ______________________, ______________________
(grau de parentesco da pessoa)

____

____

____

____

____

____

3 Entreviste uma pessoa idosa que você conheça. Pergunte-lhe como costumavam ser as famílias quando ela era criança.

- Anote as respostas de seu entrevistado:

a) Qual é o seu nome? E qual é a sua idade?

....

....

....

b) Quantas pessoas moravam na sua casa quando você era criança?

....

....

....

c) Quem eram essas pessoas: pais, tios, avós, etc.?

....

....

....

....

d) O que mais mudou nas famílias de seu tempo de criança até hoje?

....

....

....

....

....

....

Capítulo 9 As relações familiares

As famílias não são formadas apenas por pais e filhos, há diversas relações familiares. Os avós, os tios e os primos, por exemplo, também fazem parte da família. Eles são os **parentes**.

Ilustra Cartoon/Arquivo da editora

Em uma família pode haver pessoas de várias idades, como os bisavós, os avós, os pais, os filhos. Cada um desses grupos representa uma geração.

Uma geração é um conjunto de pessoas nascidas na mesma época. Ou seja: você, seus irmãos e seus primos da mesma faixa de idade pertencem à mesma geração. Já seus pais e seus tios que têm idades próximas fazem parte da geração anterior.

Antes da geração dos seus pais, veio a geração dos seus avós e tios-avós. Depois da geração dos seus pais, veio a sua geração e a dos seus irmãos e primos.

Veja como ficam essas relações em um esquema.

... e assim por diante...

tios-bisavôs e tias-bisavós São irmãos dos seus bisavós.

bisavôs e bisavós São os pais dos seus avós.

tios-avôs e tias-avós São irmãos dos seus avós.

avôs e avós São os pais do seu pai ou da sua mãe.

tios e tias São irmãos do seu pai ou da sua mãe.

pai e mãe Eles geraram/adotaram você.

primos e primas São filhos dos irmãos do seu pai ou da sua mãe.

irmãos São filhos de sua mãe, do seu pai, ou dos dois.

você

parceiro(a) Você poderá ter, no futuro, um parceiro ou uma parceira, com quem poderá ter filhos.

noras e genros Os futuros parceiros dos seus filhos.

filhos Podem ser gerados por você e seu(sua) parceiro(a).

netos Poderão ser gerados pelos seus filhos com os parceiros deles.

... e assim por diante...

Ilustrações: Daniel Kondo/Arquivo da editora

Atividades

1 Preencha a cruzadinha.

Ilustra Cartoon/Arquivo da editora

1 Eu sou ... de minha mãe, Luísa.

2 Eu sou neta de meu ... Antônio.

3 Meu tio Carlos é irmão de minha ... .

4 Meus irmãos gêmeos, Zeca e Lula, são ... de minha mãe.

5 O pai de meu ... é meu avô José.

6 Eu sou sobrinha de minha ... Lúcia.

2 Leia, a seguir, a fala da menina.

Ilustra Cartoon/Arquivo da editora

- De acordo com o que você aprendeu, assinale com um **X** as afirmativas inventadas pela menina que não podem ser reais.

( ) Eu nasci antes de meu irmão mais velho.

( ) Eu sou mais nova que meu pai.

( ) Eu nasci primeiro que meu avô.

( ) Meu irmão é tio de meu pai.

( ) Minha irmã caçula é a filha mais velha.

( ) Meus irmãos gêmeos têm 7 anos.

( ) Meu bisavô nasceu depois de meu avô.

3 Escreva o nome:

a) da pessoa mais velha de sua família.

....

b) da pessoa mais nova de sua família.

....

4 Agora responda: essas pessoas são da mesma geração? Por quê?

....

....

....

Árvore genealógica

No esquema que vimos antes, os parentes estão organizados com muitas ramificações e ligações de um jeito que lembra uma árvore. É por isso que, para organizar muitas gerações da família, geralmente usamos a árvore genealógica.

Para contar a história das gerações de sua família, Alice construiu uma árvore genealógica. Veja:

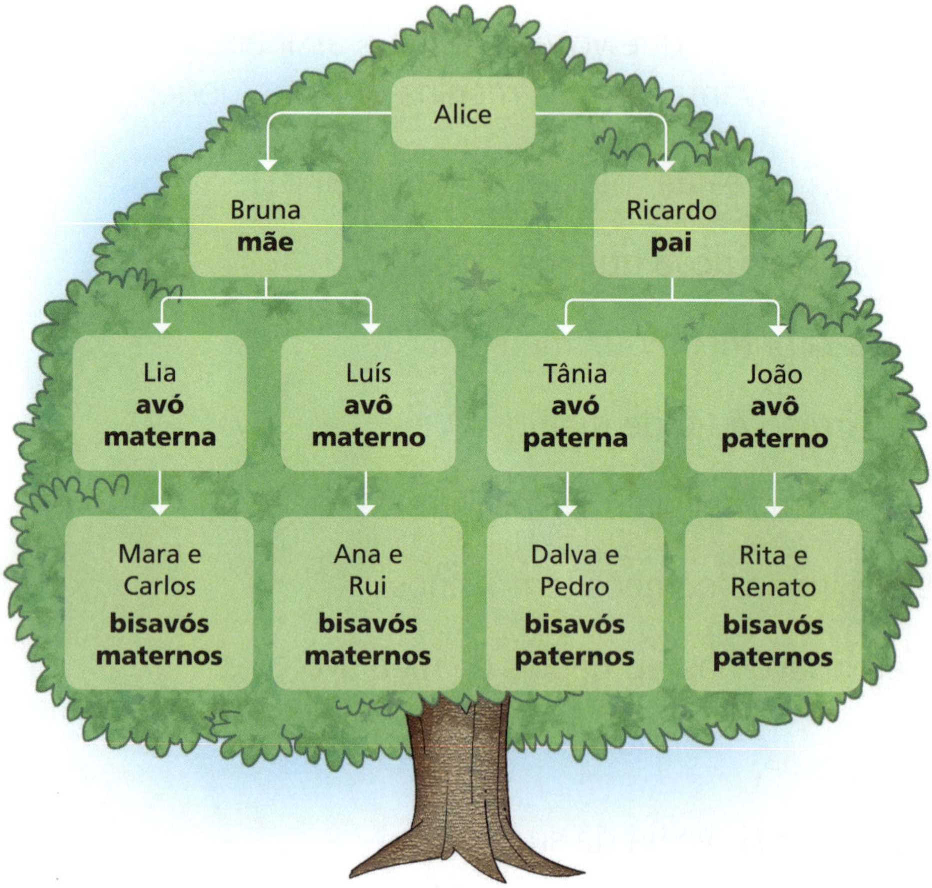

Anderson de Oliveira/Arquivo da editora

Como será que Alice conseguiu saber tantas coisas sobre sua família?

Além de perguntar aos seus pais e avós, ela procurou muitos registros da história de sua família. Veja alguns dos objetos que ela encontrou:

Ilustrações: Ilustra Cartoon/Arquivo da editora

Saiba mais

As famílias brasileiras

Observe as pessoas das fotos a seguir. Elas chegaram ao Brasil em épocas diferentes.

Coleção particular

Foto do passaporte de família italiana que veio para o Brasil em 1923.

Serviço de Imigração

Família de imigrantes japoneses no município de Registro (SP), na década de 1930.

Marc Ferrez/Coleção Gilberto Ferrez/Acervo Instituto Moreira Salles

Descendentes de africanos retratados na década de 1880.

As famílias brasileiras foram formadas por diferentes povos, de diversos lugares.

Atividades

1 Faça uma pesquisa sobre a história de sua família. Entreviste seus pais ou as pessoas que cuidam de você e responda às perguntas abaixo.

a) Onde e quando eles nasceram?

b) Como eles se conheceram?

c) Eles sempre moraram na cidade em que vivem atualmente?

d) Onde e quando nasceram os pais deles?

2 Com base nas respostas da atividade anterior, escreva um pouco da história de sua família.

3 Agora que você já sabe o que é uma árvore genealógica, peça ajuda em casa e faça a árvore genealógica de sua família.

Ilustra Cartoon/Arquivo da editora

Ideias em ação

Criando fantoches dos membros de sua família

Cada família é de um jeito: algumas crianças vivem com o pai e a mãe, outras com os avós; algumas têm irmãos, outras vivem só com uma tia.

Agora que você já conhece sua árvore genealógica, vamos construir fantoches dos membros de sua família?

Material necessário

- rolos de papel higiênico (vazios)
- régua
- lápis e borracha
- canetinhas coloridas
- tesoura
- cola
- palitos de sorvete

Como fazer

1. Desenhe cada membro de sua família em um rolo de papel, observando o tamanho das pessoas: os adultos em tamanho maior e as crianças em tamanho menor. Não se esqueça de fazer o seu fantoche também!
2. Use o papel crepom para representar as características físicas principais de cada pessoa: o tipo de cabelo, as roupas que costuma utilizar, o uso de acessórios, como óculos, colares e tiaras.

Fabio Sgroi/ Arquivo da editora

3. Pinte seus desenhos com as canetinhas coloridas.

4. Cole os palitos de sorvete no rolo.

Dica: Se você tiver algum animal de estimação você poderá fazer um fantoche dele também!

Que tal usar rolos de papel para representar sua família de outra maneira? Siga as etapas a seguir.

5. Faça traços verticais de aproximadamente 1 cm em uma das bordas dos rolos de papel higiênico e recorte-os, dobrando para fora as pares cortadas.

6. Cole as pontas recortadas dos rolos de papel higiênico em um pedaço de papelão.

7. Decore os rolos de papel higiênico com suas canetinhas coloridas. Pronto! Agora você pode presentear seus pais com o suporte de mesa!

Ilustrações: Fabio Sgroi/Arquivo da editora

UNIDADE

3 O bairro e o município

Vamos conversar?

- Do que você mais gosta em sua cidade?
- E no seu bairro? Você gosta de morar nele? Por quê?

O que vou estudar?

- A rua, o bairro, o município, espaços de convivência
- As transformações na paisagem do bairro
- A história do bairro
- O trabalho do historiador

Ilustra Cartoon/Arquivo da editora

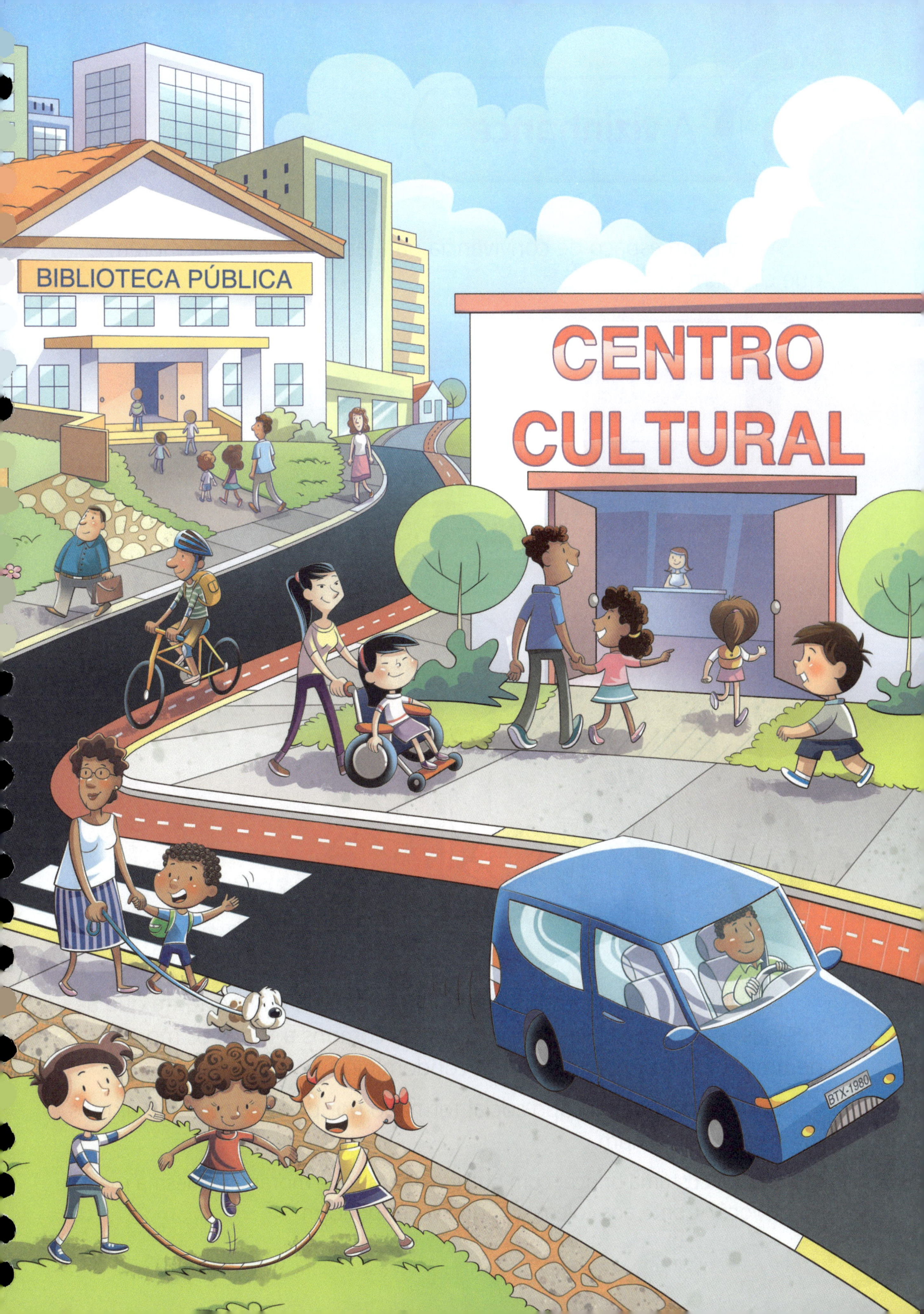
BIBLIOTECA PÚBLICA
CENTRO CULTURAL
BTX-1980

Capítulo 10

A vizinhança

A rua é um espaço de convivência para aqueles que nela moram e que circulam por ela.

Ilustra Cartoon/Arquivo da editora

A vizinhança forma uma comunidade. Por isso, é importante que as pessoas se unam para resolver problemas comuns a todos os moradores de uma rua, de um bairro, de um condomínio.

Comunidade é o grupo social formado por pessoas que têm alguns interesses em comum.

- Você costuma brincar com outras crianças que moram na mesma rua que você? Conte aos colegas do que vocês brincam.

Espaços de convivência

Na rua e no bairro em que você mora também moram outras pessoas, que são seus vizinhos.

Há pessoas que trabalham no bairro: carteiros, vendedores de lojas, feirantes, entre outras.

As ruas e as praças são alguns dos diversos espaços de convivência dos bairros. Nesses lugares encontramos nossos vizinhos e convivemos com outras pessoas.

Para viver bem, é preciso seguir algumas normas de boa educação e conservar os espaços comuns.

Ilustra Cartoon/Arquivo da editora

Atividades

1. Qual é o nome de sua rua?

2. Você já pensou no nome da rua em que mora? Por que ela tem esse nome?
   - Pesquise a origem do nome da rua em que mora e anote abaixo as informações. Depois relate suas descobertas aos colegas.

3. Qual é o nome do bairro onde você mora?

4. Tente pesquisar por que o bairro em que você vive recebeu esse nome. Depois conte aos colegas e veja o que descobriram. Alguém que mora no mesmo bairro descobriu algo diferente?

5. Sobre sua vizinhança, responda às questões abaixo.

   a) Você conhece seus vizinhos ou tem amigos na vizinhança? Escreva o nome de alguns deles.

   b) Já aconteceu alguma festa com a presença da vizinhança na rua onde você mora? Se a resposta for sim, conte aos colegas como foi.

   c) Algum dos colegas de classe é seu vizinho? Quem?

6 No espaço abaixo, desenhe sua casa e a de seus vizinhos mais próximos (à direita e à esquerda de sua residência).

Os bairros

Observe as fotos a seguir. Elas mostram bairros de alguns municípios do Brasil.

Bairro da Liberdade, em São Paulo (SP), 2013.

Bairro de Ponta Verde, em Maceió (AL), 2010.

Bairro Novo Triunfo, em Juiz de Fora (MG), 2014.

Bairro Lavras Novas, em Ouro Preto (MG), 2015.

• Você mora em um dos municípios que aparecem nas fotos? Seu bairro é parecido com algum dos bairros retratados nas fotos?

Rogerio Reis/Tyba

Bairro central de Gramado (RS), 2011.

Andre Valentim/Tyba

Bairro Bueno, em Goiânia (GO), 2010.

João Prudente/Pulsar Imagens

Bairro de Nova Campinas, em Campinas (SP), 2010.

Ricardo Azoury/Pulsar Imagens

Bairro de Ponta Negra, em Manaus (AM), 2010.

As mudanças no bairro

Nos bairros, podemos identificar edificações ligadas a diferentes atividades, como residências, indústrias, comércios e serviços turísticos.

Isso também pode mudar no decorrer da história do município, pois as construções podem ser utilizadas de modos diferentes ao longo do tempo. Veja um exemplo a seguir:

Emídio Bastos/Opção Brasil Imagens

A Casa da Cultura, em Recife (Pernambuco), está instalada em um prédio construído em meados do século XIX. O edifício, que funcionou como uma penitenciária durante mais de um século, é hoje um espaço de cultura que abriga artesanato, comidas típicas, exposições e eventos ligados à tradição pernambucana. Foto de 2013.

Pode ser que os prédios mais modernos que você conhece se tornem, no futuro, prédios históricos – ou seja, construções que nos fazem lembrar do passado e de tudo o que acontecia na época em que foram feitas.

Augusto Malta/Acervo Instituto Moreira Salles, Rio de Janeiro, RJ

O Teatro Municipal do Rio de Janeiro (RJ), inaugurado em 1909, era, na época, um dos prédios mais modernos da cidade. Foto de cerca de 1910.

Ismar Ingber/Pulsar Imagens

Hoje, o teatro ainda é preservado e funciona normalmente, mas seu estilo é muito diferente dos outros prédios da região. Ele se tornou um monumento histórico. Foto de 2010.

Atividades

1. Pesquise uma construção ou um monumento antigo de sua cidade que hoje é considerado patrimônio histórico. Escreva o que souber da história desse patrimônio: há quanto tempo foi construído, para que servia antes, para que serve hoje, se está conservado ou não.

2. Pense no prédio ou monumento mais moderno da cidade ou da região em que vive. Agora imagine como ele estará e o que as pessoas pensarão dele daqui a cem anos e escreva um pouco a respeito disso.

- Em uma folha de papel à parte, desenhe essa construção e a cidade em torno dela do modo como você acha que ela estará depois de tanto tempo: mostre os prédios, as pessoas, os meios de transporte e tudo o que você conseguir imaginar.

O tema é...

Os cuidados com o espaço público

Os espaços públicos são aqueles de uso comum e posse de todos. Nestes locais desenvolvemos atividades coletivas, como o convívio com outras pessoas.

Disponível em: <http://emiliopuime.jusbrasil.com.br/artigos/112339069/diferencas-entre-espaco-publico-privado-e-acessivel-ao-publico>. Acesso em: 1º fev. 2015. (Texto adaptado).

- Quais são os espaços públicos que você costuma frequentar?
- Que atividades você realiza nesses espaços?

João Prudente/Pulsar Imagens

Praça Getúlio Vargas, em Alfenas (MG), 2011.

- Os espaços públicos que você frequenta são bem conservados? Como você contribui na conservação desses espaços?
- Quais medidas você acha que poderiam ser adotadas para melhorar a manutenção e a conservação desses locais?

A manutenção dos espaços públicos também é nossa responsabilidade. Devemos cuidar de sua conservação, utilizando-os de forma correta e mantendo-os sempre limpos.

Nesses espaços todos podem entrar e realizar as atividades nas mesmas condições?

Stephen B. Goodwin/Shutterstock/Glow Images

Parque de diversões em Chicago (Estados Unidos), 2011.

li Arkady/Metrography/Corbis/Latinstock

Centro de diversões eletrônicas em Bagdá (Iraque), 2013.

- Os espaços representados nas imagens são públicos? Por quê?
- Quais são as condições para que as pessoas acessem esses lugares? Há algum tipo de restrição no acesso a esses locais?
- Quais são os espaços acessíveis ao público que você costuma frequentar?

Capítulo 11

O bairro tem história

Os bairros de um município têm história. Eles também mudam com o passar do tempo.

É provável que o bairro onde você mora não tenha sido sempre da mesma forma que você conhece. Muitas vezes, onde antes havia residências são construídos prédios. Veja nas fotos a seguir as mudanças em um bairro de São Paulo:

Société Générale d' Impression, Paris/Arquivo da editora

Avenida Paulista, em São Paulo (SP), cerca de 1910.

Avenida Paulista, em São Paulo (SP), 2009.

Leia, a seguir, um depoimento que conta um pouco da vida dos bairros no início do século XX.

> Quando eu era pequeno, minha avó me contou que na sua infância, vivida nos anos 1910, ela costumava ficar na janela, esperando os acendedores de lampiões a gás da rua onde morava. Ela gostava de ver quando, um a um, os lampiões eram acesos.
>
> Pela manhã, bem cedinho, os acendedores voltavam para apagar os lampiões.
>
> Depoimento de um senhor que viveu a infância nos anos 1950, especialmente para esta obra.

Agora leia este depoimento e observe as figuras que o acompanham, comparando as mudanças neste bairro.

Weberson Santiago/Arquivo da editora

Vou contar um pouco da história da Tijuca, o bairro onde moro, no município do Rio de Janeiro.

Antigamente os bondes, espécie de veículos que trafegavam sobre trilhos, circulavam pelas ruas. Carros, como os de hoje, eram raros.

Meu avô um dia me contou que, quando ele era criança, era tudo muito diferente. Havia ainda muitos engenhos de açúcar e plantações de café que tomavam conta de uma grande área do bairro.

Ainda na Tijuca de hoje, existe a maior floresta urbana do mundo, reflorestada a mando de dom Pedro II, imperador do Brasil, depois de parcialmente destruída pelas plantações de café.

Hoje, a Tijuca é um bairro muito populoso e com um intenso trânsito. Suas encostas estão tomadas pelas favelas, maior problema das grandes cidades.

Depoimento de um senhor que viveu a infância nos anos 1930, especialmente para esta obra.

Bairro da Tijuca, no Rio de Janeiro (RJ), 2013.

Cássio Vasconcellos

Atividades

1 Você leu dois depoimentos. Com base neles, responda às questões.

a) O que eles têm em comum?

....

....

b) Quais são as diferenças entre eles?

....

....

c) O bairro onde você mora é parecido com algum dos bairros que foram mencionados nos depoimentos? Por quê?

....

....

....

....

....

2 Que tal pesquisar informações sobre seu bairro?

a) Pergunte a um antigo morador, parente ou vizinho, que passou a infância no bairro onde você mora, se havia, naquela época, água encanada, iluminação elétrica, sistema de esgotos, pavimentação nas ruas, coleta de lixo. Escreva, em uma folha de papel à parte ou no caderno, as informações obtidas.

b) Pergunte também:

- Que espaços de lazer existiam no bairro?
- Ocorreram modificações no bairro?
- Elas foram boas ou ruins para os moradores? Por quê?

3 Observe a seguir as três imagens de uma construção no bairro da Luz, na cidade de São Paulo (SP). Perceba que muita coisa mudou conforme o tempo foi passando. Ao lado de cada imagem, escreva tudo aquilo que você vê de diferente nela em relação às outras duas.

Militão Augusto de Azevedo/Agência Estado

Convento da Luz (SP), 1875.

Kanai/Acervo UH/Folhapress

Convento da Luz (SP), 1967.

Rubens Chaves/Arquivo da editora

Convento da Luz (SP), 2011.

O trabalho do historiador

Ilustrações: Ilustra Cartoon/Arquivo da editora

Atividade

- Com os colegas, conheça um pouco mais o município onde vivem:

  a) Pesquisem em museus e bibliotecas, conversem com moradores antigos, observem fotos que mostrem a história do município.

  b) Façam uma ficha em uma folha de papel à parte com as seguintes informações sobre o município onde moram: nome atual; outros nomes que já teve; local onde se estabeleceram os primeiros habitantes; motivo que os levou a se estabelecerem nesse local.

  c) Façam um cartaz com fotos, gravuras e mapas mostrando o município atualmente.

  d) Observem atentamente a ficha e o cartaz. Com base neles, escrevam, em uma folha de papel à parte, a história do município: quais foram as mudanças que ocorreram? Foram para melhor ou para pior? Por quê?

  e) Coloquem em um painel tudo o que foi feito: a ficha, o cartaz e a história do município.

Ilustra Cartoon/Arquivo da editora

Ideias em ação

Criando um lugar ideal

Que tal criar a história de um lugar onde você e seus amigos gostariam de morar?

Ilustrações: Fabio Sgroi/Arquivo da editora

Material necessário

- folha de papel
- lápis e borracha
- canetinhas coloridas

Como fazer

1. De acordo com as orientações do professor, reúna-se em grupos de três alunos.
2. Discutam sobre como seria o lugar onde vocês gostariam de morar: uma biblioteca, um clube, um cinema? Como seria a vida nesse lugar? Que língua seria falada nesse lugar? De onde viriam os alimentos? Imagine você nesse lugar: desenhe isso no espaço ao lado.

3. Como e quando esse lugar surgiu? Quem eram as pessoas que o formaram e como elas viviam? Destaquem o que mudou e o que permaneceu desde sua construção. Anote os tópicos num papel.

4. Agora que vocês já decidiram como seria o local ideal onde vocês gostariam de morar e os principais aspectos de sua história, preparem uma apresentação para os colegas, contando como é esse lugar e qual é sua história. Vocês podem utilizar desenhos para ajudar a contar essa história.

5. Se quiserem, vocês podem inventar personagens para deixar a história mais divertida!

Fabio Sgroi/Arquivo da editora

Que características do lugar que vocês inventaram poderiam também estar presentes no seu dia a dia?

UNIDADE 4

Identidade e cultura

Ilustra Cartoon/ Arquivo da editora

Vamos conversar?

- Você já viajou para fora do Brasil? Para onde? O que achou do lugar que você visitou?
- Você conhece alguém que tenha nascido em outro país? Essa pessoa tem hábitos diferentes dos nossos? Quais?

O que vou estudar?

- Identidade e nacionalidade
- Cultura brasileira
- Hábitos indígenas
- A cultura afro-brasileira

Capítulo 12 A identidade

Ilustra Cartoon/Arquivo da editora

Você conheceu João Carlos. Agora veja a ficha de identificação dele.

A nacionalidade

Além do nome que recebemos ao nascer, nossa identidade também está relacionada ao lugar onde nascemos.

Quem nasce no Canadá tem nacionalidade canadense; quem nasce na China tem nacionalidade chinesa. As pessoas que nascem no Brasil, como João Carlos, têm nacionalidade brasileira.

A **certidão de nascimento** é um dos documentos que comprovam a nacionalidade de uma pessoa.

Nacionalidade brasileira

Ilustra Cartoon/Arquivo da editora

O Brasil é um país habitado por vários povos indígenas, que aqui vivem há milênios, e também por descendentes de portugueses, de povos africanos e de imigrantes de diversos países.

- Na sua opinião, o que é ser brasileiro?

Saiba mais

A bandeira brasileira

Cada país possui sua própria bandeira. A bandeira brasileira é um símbolo nacional que identifica o Brasil perante os demais países do mundo. Ela foi criada em 1889.

A cor verde simboliza as matas brasileiras; o amarelo lembra o ouro; o azul representa o céu; e o branco, a paz.

cigdem/Shutterstock

Atividades

1 Agora que você já viu um exemplo de identificação, faça a sua na ficha abaixo.

Nome: ....

Data de nascimento: ....

Sexo: ○ masculino ○ feminino

Nacionalidade: ....

2 Leia o texto abaixo e depois faça o que se pede.

Identidade cultural

Identidade é também tudo aquilo com o que você se identifica, tudo aquilo de que você gosta. Todos os seus gostos, iguais ou diferentes aos dos outros, também mostram que você é uma pessoa especial e única.

Por exemplo, Igor gosta de andar de *skate*, por isso muitas coisas que ele veste, lugares que frequenta e algumas palavras que fala têm a ver com essa preferência. Igor tem uma identidade de *skatista*.

Ilustra Cartoon/Arquivo da editora

- E você? Qual é sua identidade cultural? Você gosta, por exemplo, de praticar algum esporte ou de ouvir só um ou mais de um tipo de música? Desenhe, em uma folha à parte, algo sobre a sua identidade. Use as linhas abaixo para escrever um pouco mais sobre ela.

3 Qual é a nacionalidade de quem nasce no Brasil? Que documento, emitido assim que as pessoas nascem, reconhece isso?

4 Desenhe, em uma folha à parte, a bandeira do Brasil do jeito que você gostaria que ela fosse. Lembre-se de representar na sua bandeira tudo aquilo que você acha que ainda falta para o nosso país melhorar e ser mais justo para todos. Depois, explique o seu desenho nas linhas abaixo.

Capítulo 13 As culturas no Brasil

Cultura é o modo de vida de um povo. São os conhecimentos, os costumes e o modo de agir que caracterizam um grupo social e são transmitidos ao longo da História.

Toda comunidade tem sua história, seus costumes e sua maneira de comemorar ou lembrar acontecimentos importantes.

O Brasil é um país de muitas culturas. Nossos costumes começaram com a mistura das tradições de povos indígenas (que já viviam aqui), europeus (que colonizaram o país) e africanos (trazidos para trabalhar como escravos).

Mario Friedlander/Pulsar Imagens

Homem indígena em Cuiabá (MT), 2013.

Attila Jandi/Shutterstock/Glow Images

Mulher africana (Mali), 2006.

Dimitri Surkov/Shutterstock/Glow Images

Mulher europeia (Itália), 2013.

Ao longo da história do Brasil, nem sempre essa mistura de culturas foi pacífica. Por exemplo, os portugueses colonizadores exploraram o trabalho dos indígenas, e grande parte das populações que aqui viviam morreu com doenças trazidas da Europa. E os negros africanos foram trazidos à força por comerciantes portugueses para trabalhar como escravos.

Até hoje, mesmo que muitos continuem lutando por direitos iguais para todos, ainda há injustiças causadas por esse passado de desigualdade.

Ao longo da história do Brasil, pessoas de várias partes do mundo vieram para cá trazendo costumes que se misturaram aos que já existiam aqui.

Arquivo/AGE/Agência Estado

Imigrantes italianos recém-chegados ao porto de Santos (SP), 1957.

Família imigrante japonesa, em Registro (SP), década de 1930.

Coleção particular

As influências na cultura brasileira

Tanto os povos que já viviam no Brasil como os que chegaram depois contribuíram para a formação dos nossos costumes.

Veja como essas influências estão presentes em nosso cotidiano:

Ilustrações: Ilustra Cartoon/Arquivo da editora

Os italianos trouxeram a *pizza*, a macarronada, a lasanha e também algumas palavras como "tchau", usada nas despedidas.

Os japoneses trouxeram o hábito de comer peixe cru e de temperar a comida com molho de soja.

Os africanos trouxeram o cuscuz, e os portugueses, o arroz-doce.

As influências indígenas na cultura brasileira estão presentes na linguagem e em muitas situações do nosso dia a dia, como o uso da rede ou o hábito de tomar banho todos os dias.

Atividades

1 Dependendo da sua origem, as famílias têm costumes diferentes.

a) Qual é a origem da sua família? Algum membro da sua família nasceu em outro país?

....

....

b) Sua família tem algum costume que você não vê em outras famílias? Se tem, qual é?

....

....

2 Todos os anos são comemoradas, no Brasil, muitas festas. Que festas sua família costuma comemorar?

....

....

3 Há no município onde você mora alguma festa tradicional? Qual?

....

....

4 Complete as frases com uma das alternativas.

a) Quando os portugueses chegaram aqui:

◯ encontraram os africanos. ◯ encontraram os indígenas.

b) O povo brasileiro formou-se:

◯ do encontro entre vários povos.

◯ do encontro dos povos indígenas.

Capítulo 14

As contribuições indígenas e africanas à cultura brasileira

Culturas indígenas

Por meio do contato entre os indígenas que aqui viviam e os portugueses que chegaram a partir de 1500, foram incorporadas aos nossos costumes algumas tradições indígenas, como o hábito de tomar banho diariamente e o uso de chás e plantas medicinais para curar doenças.

Muitos dos remédios que compramos atualmente nas farmácias tiveram suas fórmulas baseadas em chás indígenas. É também influência indígena a utilização de redes para dormir.

Os portugueses, a fim de se comunicar com os indígenas, aprenderam a língua desses povos. Muitas palavras foram incorporadas ao nosso modo de falar. Abacaxi, tatu, mandioca, sucuri são algumas palavras de origem indígena.

As canoas feitas de tronco de árvore e as jangadas são algumas das heranças indígenas que permanecem até hoje.

Canoa com índios, litografia colorida à mão de Johann Moritz Rugendas, 1835.

Coleção particular

A cultura afro-brasileira

Os negros que participaram da formação da cultura brasileira vieram do continente africano, que é muito grande. Na África, eles pertenciam a muitos povos diferentes e viviam em comunidades distantes umas das outras.

Cada um desses povos tinha culturas diferentes, com seus próprios costumes, alimentação, religião e festas. Por isso a influência dos negros no Brasil é tão rica.

Para serem escravizados, africanos de vários povos diferentes foram capturados na África e trazidos juntos para o Brasil. Por isso eles eram vistos como iguais. Mas hoje nós reconhecemos a diversidade das culturas africanas.

Foi forte a influência dos africanos na língua portuguesa falada no Brasil. Veja algumas palavras usadas por eles e que fazem parte de nossa língua: caçula, cafuné, macaco, miçanga, molambo, moleque, cachimbo, samba.

Ilustrações: Ilustra Cartoon/Arquivo da editora

A influência africana foi marcante nos cantos e nas danças. O samba, um dos ritmos brasileiros mais conhecidos no exterior, tem origem africana.

Desfile de escola de samba no bairro do Flamengo, Rio de Janeiro (RJ), cerca de 1954.

Outra influência importante dos africanos no Brasil é a religião.

Há muitos alimentos de origem africana na culinária brasileira. Essa influência pode ser percebida pela introdução de alguns ingredientes, como a banana, o coco, a cana-de-açúcar, o azeite de dendê, o quiabo, o inhame, algumas pimentas, o pêssego, a maçã, o melão, a melancia e o figo, no preparo de alguns alimentos.

Lavagem do Bonfim, óleo sobre tela de Jurandi Assis, 1996. Essa tela mostra a participação dos africanos nos cultos religiosos vindos da Europa.

Atividades

1 Complete as lacunas corretamente.

a) Alguns nomes de alimentos, como abacaxi e mandioca, e certos hábitos, como ...., são de origem indígena.

b) Alguns alimentos, como ...., são de origem africana.

2 Uma das formas de conhecer a história e a cultura de um povo é por meio do folclore e dos costumes. Desenhe nos espaços abaixo alguns dos elementos que herdamos dos africanos.

Dança	Artesanato

Alimento	Roupa

3 Diariamente falamos muitas palavras que têm origem em línguas indígenas brasileiras. Ligue algumas dessas palavras aos seus significados originais entre os indígenas. Se precisar, consulte um dicionário.

Ilusrações: Ilustra Cartoon/Arquivo da editora

açaí

carijó

carioca

itororó

barulho de água

fruta que chora

casa do homem branco

mestiço, mesclado

O tema é...

As culturas indígenas e afro-brasileiras e sua relação com a natureza

Os diversos povos indígenas têm uma relação muito próxima com os elementos naturais. O cultivo de alimentos, a caça e a coleta de frutos, entre outras ações humanas, são praticados com muito cuidado. A contaminação das águas dos rios e o desmatamento das terras, por exemplo, são situações que comprometem a forma de viver desses povos.

- Que práticas adotadas pelas populações indígenas você acredita que estão em harmonia com a natureza?

Fabio Colombini/Acervo do fotógrafo

Crianças brincando de pular corda na comunidade indígena Tenondé Porã (SP), 2014.

Os índios sentem-se parte da natureza e não são nela estranhos. Os índios nunca buscam controlar e dominar a natureza, apenas compreendê-la, para que se sirvam dela com respeito para tirar o seu sustento. Para as comunidades indígenas, a natureza é um *habitat*, uma casa, um lugar em que se está e onde se vive.

O índio brasileiro: o que você precisa saber sobre os povos indígenas no Brasil de hoje, de Gersem dos Santos Luciano. Brasília: MEC; LACED/Museu Nacional, 2006. p.102-103. Disponível em: <http://unesdoc.unesco.org/images/0015/001545/154565por.pdf>. Acesso em: 9 mar. 2015. (Texto adaptado).

- Como os povos indígenas veem a natureza?
- Você imagina um povo indígena lançando produtos químicos contaminantes no rio de sua aldeia? Por quê?
- No seu dia a dia, quais são as atividades que você realiza em lugares com muitos elementos naturais?

Edson Antunes

As árvores são parte dos rituais de diversas religiões afro-brasileiras. Em alguns terreiros de candomblé são encontradas plantas ameaçadas de extinção. Elas sobrevivem nesses locais porque são protegidas pelos adeptos da religião. Terreiro Axé Ilê Obá, em São Paulo (SP), 2013.

Os negros receberam uma grande ajuda dos índios assim que desembarcaram em terras brasileiras, com sua medicina e seus rituais religiosos peculiares. O intercâmbio de informações entre os dois povos foi favorecido por uma crença em comum: a de respeito ao meio ambiente. Para ambos, cuidar da natureza sempre significou cuidar das divindades.

Aderbal Ashogun (Ylê Omi Oju Aro). Disponível em: <http://antigo.acordacultura.org.br/mojuba/programa/meio-ambiente-e-sa%C3%BAde-0>. Acesso em: 4 fev. 2015.

- Você conhece outros exemplos de religiões que protegem elementos da natureza?
- Você tem afeto por alguma árvore? Conhece pessoas que protegem árvores?

Ideias em ação

Jogando com palavras de origem indígena e africana

Já vimos que os povos indígenas e os povos africanos contribuíram significativamente para a formação da identidade e da cultura brasileira.

Diversas palavras do português brasileiro têm origem em línguas indígenas e africanas. Você conhece algumas?

Silhouette Lover/Shutterstock/
Glow Images

Material necessário

- folha de papel sulfite
- lápis e borracha
- canetinhas coloridas
- régua
- tesoura

Como fazer

1. Pesquise palavras de origem indígena ou africana.
2. Em grupo, selecionem quatro palavras: duas de origem indígena e outras duas de origem africana.
3. Recortem uma folha de papel sulfite em oito partes iguais. Elaborem uma ficha em cada pedaço de papel com os seguintes dados:

- um traço para cada letra da palavra;
- três dicas para que outra pessoa adivinhe a palavra.

Veja um modelo ao lado.

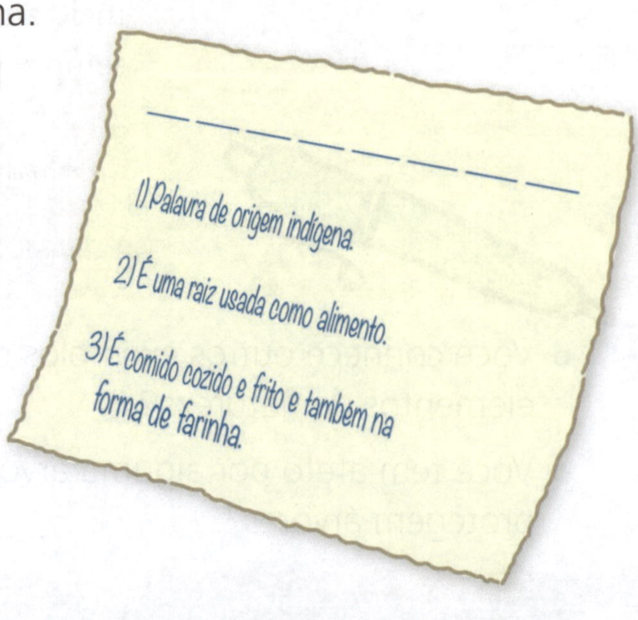

4. Com as fichas em mãos, começa o jogo. Dois grupos jogam um contra o outro.

5. Escolha uma ficha. Leia as dicas para que os colegas do outro grupo tentem descobrir a palavra. Eles só devem falar qual é a palavra quando tiverem certeza.

6. Caso ninguém adivinhe a palavra, peça que o grupo escolha uma letra. Se houver essa letra na palavra, você deverá anotá-la no lugar correspondente – utilize os traços da ficha. Se não houver a letra na palavra escolhida pelo grupo, anote-a embaixo dos traços.

7. O grupo adversário poderá mencionar até cinco letras que não existem na palavra. Se mencionar uma sexta letra inexistente, ele perde o jogo.

8. Em qualquer momento do jogo, o grupo pode descobrir a palavra e dizê-la; assim, ganha 1 ponto no jogo.

Fabio Sgroi/Arquivo da editora

Agora, o seu grupo pode tentar descobrir as palavras selecionadas pelos colegas. Vamos ver quem soma mais pontos nesse jogo?

Livros

Unidade 1

Cosac Naify/Arquivo da editora

Declaração universal do moleque invocado

Fernando Bonassi. São Paulo: Cosac Naify.

Toda criança tem direito a uma máquina de coçar macaco, uma de enxugar gelo, uma de acender fogo no rabo, uma de descascar abacaxi e também a um patinete prateado. São exigências de uma declaração universal de direitos proposta pelo autor. Uma maneira de compreender o lugar da criança inteligente e bem informada neste novo milênio.

Editora Ática/Arquivo da editora

O rei Bigodeira e sua banheira

Audrey Wood. São Paulo: Ática. (Abracadabra).

Uma boa história, como bem sabemos, pode ser transformada em uma grande brincadeira. Esta gostosa experiência conta a história do rei Bigodeira, que não quer mais sair de sua banheira.

Editora Scipione/Arquivo da editora

Os meninos e as meninas

Brigitte Labbé e Michel Puech. São Paulo: Scipione.

Um apanhado dinâmico das diferenças entre meninos e meninas, começando pelas características físicas e estendendo-se até as diferenças de educação, preconceito e tradição. A obra discute as qualidades que os adultos esperam dos meninos, como coragem e força, e das meninas, como delicadeza e sensibilidade. Mas, sobretudo, ajuda o leitor a compreender que os papéis sociais não podem ser tão rígidos.

Unidade 2

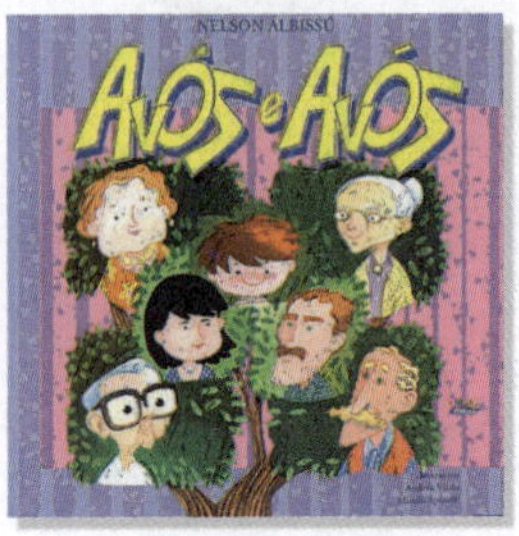

Editora Cortez/Arquivo da editora

Avôs e avós

Nelson Albissú. São Paulo: Cortez.

A história mostra a delicada relação entre avós e netos. Não importa a distância que os separam, a voz do coração sempre falará mais alto e a reaproximação será inevitável, mesmo que simbólica.

Editora Ática/Arquivo da editora

O que fazer?: Falando de convivência

Liliana Iacocca e Michele Iacocca. São Paulo: Ática.

Conviver com outras pessoas nem sempre é fácil. Neste livro, pode-se refletir sobre honestidade, liberdade, caráter e os meios de fazer uma sociedade mais justa e harmoniosa.

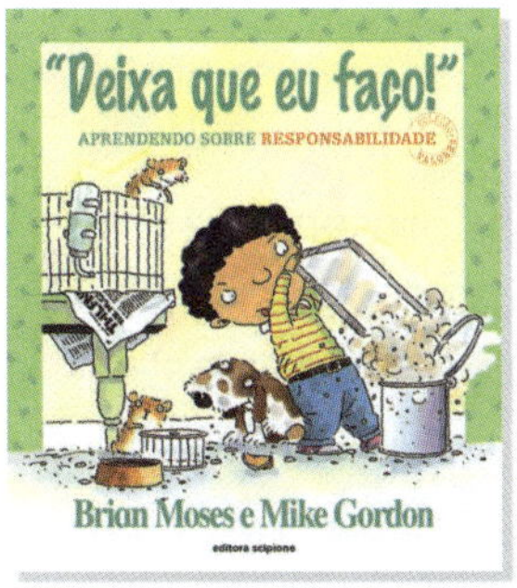

Editora Scipione/Arquivo da editora

"Deixa que eu faço!": Aprendendo sobre responsabilidade

Brian Moses e Mike Gordon. São Paulo: Scipione.

Realizar certas atividades cotidianas, como arrumar a cama ou cuidar do animal de estimação, é um modo de compreender a importância de ser responsável.

Editora Cortez/Arquivo da editora

Pais e mães

Nelson Albissú. São Paulo: Cortez.

O livro aborda de maneira dinâmica os diferentes tipos de família. Fala do pai que tem de assumir o lugar da mãe e vice-versa, e dos pais afetivos que encontramos no caminho.

Unidade 3

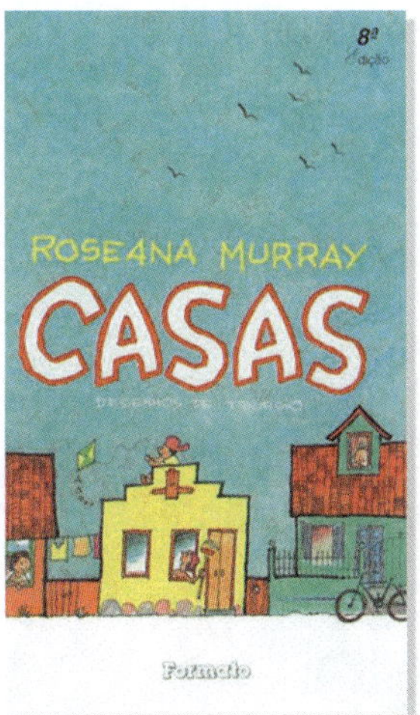

Editora Formato/Arquivo da editora

Casas

Roseana Murray. São Paulo: Formato.

Casa maluca, casa do céu, casa de avó, casa mal-assombrada, casa de vizinho, casa de índio, caverna, casa de amigo são algumas das casas descritas neste livro, em poemas que mostram, com delicadeza, humor e lirismo, um jeito todo especial de ver as casas deste e de outros mundos.

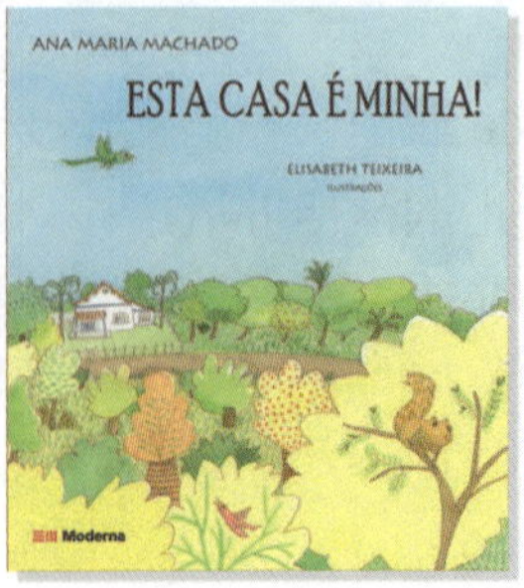

Editora Moderna/Arquivo da editora

Esta casa é minha!

Ana Maria Machado. São Paulo: Moderna.

Paula, Beto e seus familiares estavam cansados de morar na cidade grande, então resolveram construir uma casa na praia e mudar-se para lá. Depois de passar um tempo fora, reencontraram a casa com o mato crescido e muitos animais vivendo nela. Esse livro mostra a necessidade de evitarmos danos ao enorme quintal que pertence a todos nós: o planeta.

Unidade 4

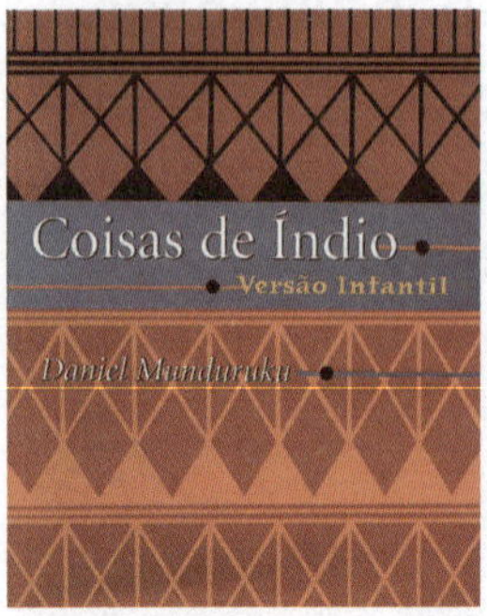

Callis Editora/Arquivo da editora

Coisas de índio: versão infantil

Daniel Munduruku. São Paulo: Callis.

O autor deste livro é um indígena preocupado em preservar a cultura do seu povo. É uma obra muito atraente, capaz de fazer com que o leitor compreenda toda a riqueza e pluralidade das coisas de nossos indígenas.

Minha bandeira tem história

Beatriz, Elizabeth e Ruyter C. Ribeiro. Rio de Janeiro: Mary & Eliardo França Produções.

O livro leva o leitor a reconstituir os caminhos criativos que originaram nossas bandeiras, respeitando a verdade histórica e a inteligência dos pequenos leitores.

Editora Larousse e Júnior/Arquivo da editora

Não chore ainda não

Rogério Andrade Barbosa. São Paulo: Larousse Júnior.

Na ilha de Bubaque, na Guiné-Bissau, as mulheres são exímias pescadoras. O livro conta um pouco dos costumes desse povo africano e como o peixe saltão conseguiu escapar da panela e reencontrar sua fêmea.

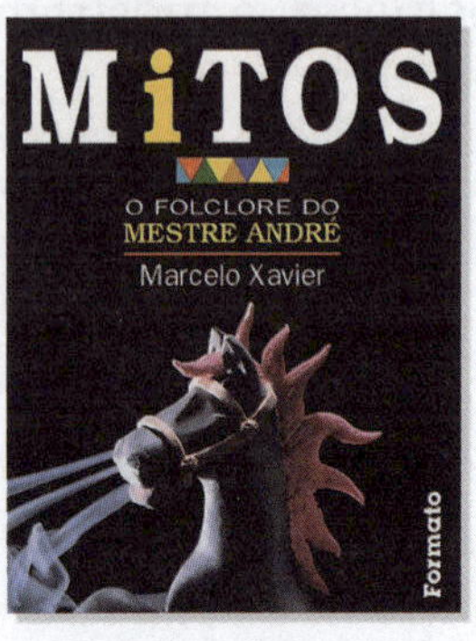

Editora Formato/Arquivo da editora

Mitos: O folclore do mestre André

Marcelo Xavier. Belo Horizonte: Formato.

A obra é um delicioso passeio pelo folclore brasileiro. Na companhia do mestre André, o leitor conhecerá personagens importantes, como Boitatá, Saci-Pererê, Boto e muitos outros.

GEOGRAFIA

Sumário

Ilustra Cartoon/Arquivo da editora

Danilo Verpa/Folhapress

Unidade 3 A paisagem 164

Unidade 4 O município 206

Osni de Oliveira/Arquivo da editora

Renato Soares/Pulsar Imagens

UNIDADE 1

Representação e orientação

Ilustra Cartoon/Arquivo da editora

Vamos conversar?

- Você já leu um mapa?
- Você saberia fazer um mapa da rua onde você mora?

O que vou estudar?

- Mapas e legendas
- As direções cardeais e colaterais

N
O
L
S

Capítulo 1

Representação

OED

Ilustra Cartoon/Arquivo da editora

Daniela convidou sua prima para ir à escola em que estuda para assistir a uma peça de teatro. Como Carla não conhecia o bairro onde está situada a escola, Daniela pediu auxílio à professora, que fez um mapa para ajudar Carla a se localizar.

O **mapa** é uma forma de representar, em tamanho reduzido (ou seja, menor), espaços que são, na realidade, muito grandes. Ele mostra detalhadamente como os elementos desse espaço estão organizados. No mapa, os elementos são representados vistos do alto (de cima para baixo).

Observe o mapa feito pela professora e responda: onde fica a escola de Daniela? Localize-a e marque no espaço abaixo.

Escola da Daniela

Adaptado de: **Google Maps**. Disponível em: <http://maps.google.com>. Acesso em: 20 mar. 2015.

Agora, observe o quadro azul. Essa **legenda**, criada pela professora, é muito importante na leitura do mapa, pois reproduz os símbolos utilizados e explica o significado deles.

O mapa desenhado pela professora não foi muito útil para a prima de Daniela, pois ela não conhecia nenhum daqueles pontos de referência. Por isso, foi preciso consultar o mapa de parte do bairro onde está a escola.

Trecho da cidade de Campo Grande (MS)

Adaptado de: **Google Maps**. Disponível em: <http://maps.google.com>. Acesso em: 20 mar. 2015.

Observe a legenda. Ela apresenta os símbolos criados para representar pontos de referência do bairro.

Atividades

1 Onde está o tesouro?

Ilustra Cartoon/Arquivo da editora

- A turma de Joana organizou uma brincadeira de caça ao tesouro.

   a) Seu irmão está na entrada da escola e precisa de instruções para encontrá-lo. Vamos ajudá-lo? Em grupo, elaborem indicações para que ele chegue ao tesouro.

   b) Escolham outra localização do tesouro e desafiem um grupo de colegas a elaborar indicações de como encontrá-lo.

2 Dependendo do lugar em que estamos podemos enxergar objetos, construções e móveis de diferentes maneiras. Veja, por exemplo, a ilustração abaixo. Ela mostra a escola de Daniela vista de frente e do alto.

Ilustra Cartoon/Arquivo da editora

- Agora, a escola de Daniela foi representada de outra maneira, ou seja, por meio de uma planta. Descubra qual dos desenhos a seguir mostra a planta da escola de Daniela e assinale com um **X**.

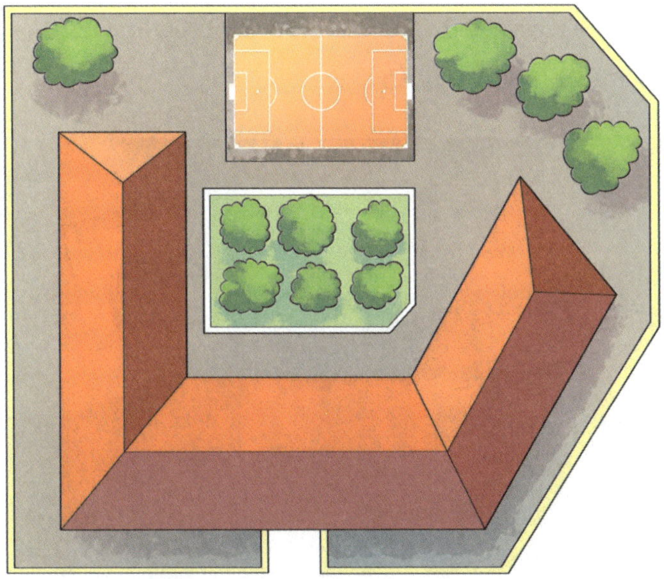

Ilustra Cartoon/Arquivo da editora

O quarteirão da escola

Nas cidades, chamamos de **quarteirão** um terreno cercado por quatro ruas que se cruzam duas a duas.

Observe a imagem do quarteirão onde está localizada a escola de Pedro, no centro da cidade de Belo Horizonte (MG).

- Agora, responda:

  a) Quantas ruas formam esse quarteirão?

  ....

  b) Quais são os nomes dessas ruas?

  ....

  ....

  c) Em que rua está situada a escola de Pedro?

  ....

Atividades

1 Realize um passeio com seus colegas e o professor pelas ruas ao redor da escola. Durante o passeio, anote suas observações e o nome das ruas no caderno.

2 Em sala de aula, faça as atividades a seguir.

a) Quais são os nomes das ruas percorridas no passeio?

b) O que mais chamou sua atenção no quarteirão da escola?

c) Faça o desenho desse quarteirão e mostre-o aos colegas.

3 Daniela e Mateus fizeram, juntos, o mapa do quarteirão onde fica a escola em que estudam. Primeiro, eles traçaram as ruas. Depois, representaram por símbolos tudo o que viram nas ruas do quarteirão. Ajude-os a terminar a legenda indicando o que os símbolos representam.

Cícero Soares/Arquivo da editora

 escola

 ....

 ....

 ....

 ....

 ....

 ....

 banca de jornais

Representando a sala de aula

Joana estuda em uma escola e Rodrigo estuda em outra. As escolas não são todas iguais.

Veja algumas salas de aula de diferentes escolas:

Escola indígena do povo Kuikuro, em Gacha do Norte (MT), 2012.

Escola em Recife (PE), 2014.

Escola em Sobral (CE), 2013.

Como você viu, existem diferentes tipos de escolas e de salas de aula. Como é a escola em que você estuda? Onde se localiza sua sala de aula? Como você a representaria?

Há muitas maneiras de representar um espaço. Pense em como você representaria a sala de aula e converse com os colegas.

Atividades

1 Observe, abaixo, o desenho de uma escola. Veja a localização das salas de aula.

Ilustra Cartoon/Arquivo da editora

- Agora, responda às perguntas.

a) Quantas salas de aula há nessa escola?

....

b) Qual é a sala vizinha da biblioteca?

....

c) O que marca o limite, isto é, o que separa a sala 1 da sala 2?

....

2 Podemos representar um espaço de várias maneiras. Você já viu uma maquete? A **maquete** é a representação em miniatura dos elementos de uma construção ou de um lugar.

a) Observe na ilustração a maquete de uma sala de aula.

Ilustra Cartoon/Arquivo da editora

b) Compare: sua sala de aula é parecida com essa? Quais são as diferenças e as semelhanças que você encontrou entre elas? Escreva-as abaixo.

Semelhanças	Diferenças

3 Vamos agora estudar duas representações: a maquete e a planta de uma sala de aula.

a) Com os colegas, faça a maquete da sua sala de aula.

b) Estique um plástico no alto da caixa da maquete e, com uso de canetinha hidrocor, desenhe os elementos vistos de cima. Observe a imagem a seguir

Ilustra Cartoon/Arquivo da editora

c) Agora responda: seu desenho é parecido com os mapas que você conheceu nesta Unidade? Por quê?

....

....

4 No mapa da sala de aula que você fez na atividade anterior, indique:

a) onde você se senta;

b) quem está sentado à sua frente;

c) quem está sentado atrás de você;

d) quem está sentado à sua direita;

e) quem está sentado à sua esquerda;

f) o aluno que está mais próximo da mesa do professor;

g) o aluno que está mais próximo da porta.

O tema é...

Compartilhar o espaço escolar

Fabio Sgroi/Arquivo da editora

A escola é um espaço de uso em comum. Na sala de aula, por exemplo, convivemos com os colegas e o professor e nos divertimos aprendendo coisas novas.

- Como é sua convivência na sala de aula com os colegas? Qual é a importância de manter uma boa convivência com as pessoas no espaço escolar?
- O que você faz para que o espaço da sala de aula seja agradável para todos?

- Nem todas as escolas do país possuem uma boa infraestrutura, com salas de aula mobiliadas, bibliotecas, lousas, professores suficientes. Você acha que isso influencia a aprendizagem dos alunos?
- Que outros fatores você acredita que influenciam no desempenho escolar?

Sala de aula de escola em Guaraqueçaba (PR), 2010.

Na escola existe um monte de coisas que se pode e que não se pode fazer. É um pouco difícil se acostumar a não conversar durante as aulas, a não riscar a carteira, a não gritar no corredor.

Mas só se houver respeito a essas regras é que a escola poderá funcionar.

Cidadania na escola. Canal Kids. Disponível em: <www.canalkids.com.br/cidadania/genteboa/escola.htm>. Acesso em: 22 jan. 2015.

- Quais cuidados você tem com o espaço da escola?
- Como você avalia o seu convívio com seus colegas, professores e demais funcionários da escola?

Ilustrações: Fabio Sgroi/Arquivo da editora

- As figuras mostram exemplos de conflitos que podem acontecer no espaço escolar. Você já presenciou alguma dessas situações? Conte para a classe o que aconteceu e como a situação foi resolvida.
- O que você sugere para evitar que esse tipo de situação aconteça?

Capítulo 2

Orientação

Localização no município

Quando você precisa encontrar um lugar que não conhece, o que você faz? Veja o que estas três crianças fazem:

Ilustrações: Ilustra Cartoon/Arquivo da editora

- Além das maneiras apresentadas acima, você já ouviu falar de outras formas de localizar um lugar que não conhece? Conte aos colegas.

Atividades

1 O croqui a seguir representa uma parte do bairro onde mora Mateus. Observe a legenda e, seguindo as orientações, desenhe no croqui os símbolos apresentados na legenda abaixo.

Ilustrações: Ilustra Cartoon/Arquivo da editora

Legenda			
	Escola		Banco
	Hospital		Prédio
	Casa		Supermercado
	Correio		*Shopping*
	Praça		Teatro

- Ao norte da praça há um *shopping*.
- A oeste da praça há um teatro.
- Ao sul da praça há uma escola.
- A leste da praça há um hospital.

Direções cardeais

Para nos localizarmos ou para encontrar um lugar, também podemos nos orientar por meio das direções cardeais, observando a posição do Sol.

Ilustrações: Ilustra Cartoon/Arquivo da editora

O Sol é uma estrela que ilumina e aquece a Terra.

Observando o Sol, podemos saber em que lugar estamos e em que direção devemos seguir.

Ao longo de um dia, o Sol desponta no horizonte pela manhã – é o nascer do sol. No fim da tarde, ele se põe e não fica mais visível no horizonte – é o pôr do sol.

Com o braço direito esticado na direção em que o Sol aparece pela manhã, encontramos o leste. O braço esquerdo indica o oeste. À nossa frente está o norte e atrás, o sul.

Ilustra Cartoon/Arquivo da editora

O norte, o sul, o leste e o oeste são **direções cardeais**.

Sabendo posicionar-se de acordo com as direções cardeais, é possível orientar-se em qualquer lugar.

Bússola

Uma maneira segura de nos orientarmos é usando uma bússola.

A **bússola** é um instrumento de orientação com uma agulha imantada que gira presa pelo centro a um pino e aponta sempre para o norte.

Sabendo em qual direção fica o norte, podemos localizar as outras direções cardeais.

Stefan Kolumba/Pulsar Imagens

Rosa dos ventos

A **rosa dos ventos** é um desenho que indica as direções cardeais e colaterais.

Na rosa dos ventos, as letras N, S, L e O indicam as **direções cardeais** e as letras NE, SE, SO e NO, as **direções colaterais**. Essas direções são assim chamadas porque se situam entre duas direções cardeais. Observe:

- NE – nordeste (fica entre o norte e o leste);
- SE – sudeste (fica entre o sul e o leste);
- SO – sudoeste (fica entre o sul e o oeste);
- NO – noroeste (fica entre o norte e o oeste).

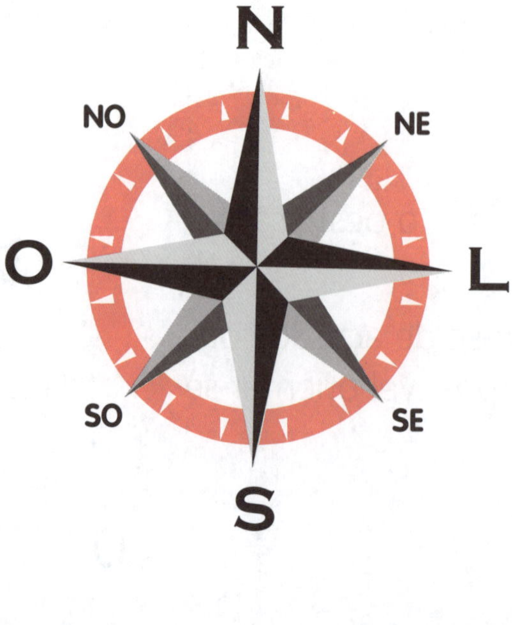

Saiba mais

Quando surgiu a bússola

A bússola foi inventada no século XII (isto é, entre os anos de 1101 e 1200).

Keren Su/Corbis/Latinstock

Bússola chinesa do século XVI.

The Bridgeman/Keystone

Bússola europeia do século XVII.

Marinheiros chineses e europeus a inventaram ao mesmo tempo, aparentemente sem que um povo soubesse da invenção do outro.

A bússola foi muito usada pelos navegadores europeus do século XV e continua a ser usada até hoje, de forma mais moderna, na navegação e na aviação.

Como funciona a bússola magnética?

A Terra, do mesmo modo que os ímãs, tem força magnética e por isso age sobre uma agulha metálica, fazendo com que ela se movimente. Como a força magnética terrestre se orienta sempre para o norte, não importa onde esteja a bússola, sua agulha será forçada a apontar nessa direção.

Bússola, de Osvaldo Alexandre Paris. **Superinteressante**, nov. 1990.
Disponível em: <http://super.abril.com.br/ciencia/como-funciona-bussola-magnetica-439678.shtml>.
Acesso em: 20 mar. 2015.

Atividades

1 A rosa dos ventos costuma aparecer nos mostradores das bússolas e em mapas. Observe este mapa e circule-a.

Brasil: divisão estadual

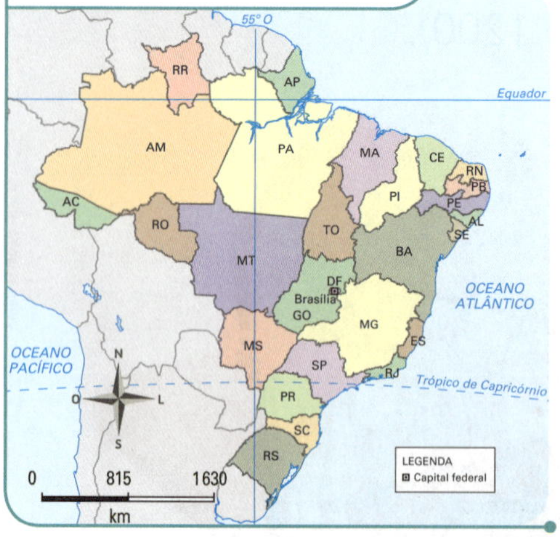

Adaptado de: **Atlas geográfico escolar**. Rio de Janeiro: IBGE, 2009.

2 Observe a ilustração e, seguindo as orientações abaixo, descubra para onde Marta e sua avó foram.

Cícero Soares/Arquivo da editora

Marta saiu de casa e caminhou para o norte a fim de se encontrar com sua avó. Elas seguiram para o nordeste e, depois, para o sudoeste.

- Agora, complete a frase:

  Marta e sua avó foram para ....

3 Observe o menino no centro da praça. Pinte na cena os estabelecimentos que aparecem nas seguintes direções, de acordo com a legenda.

norte sul leste oeste

Ilustra Cartoon/Arquivo da editora

4 Para onde as crianças estão indo?
Para descobrir, siga as orientações e trace o caminho.

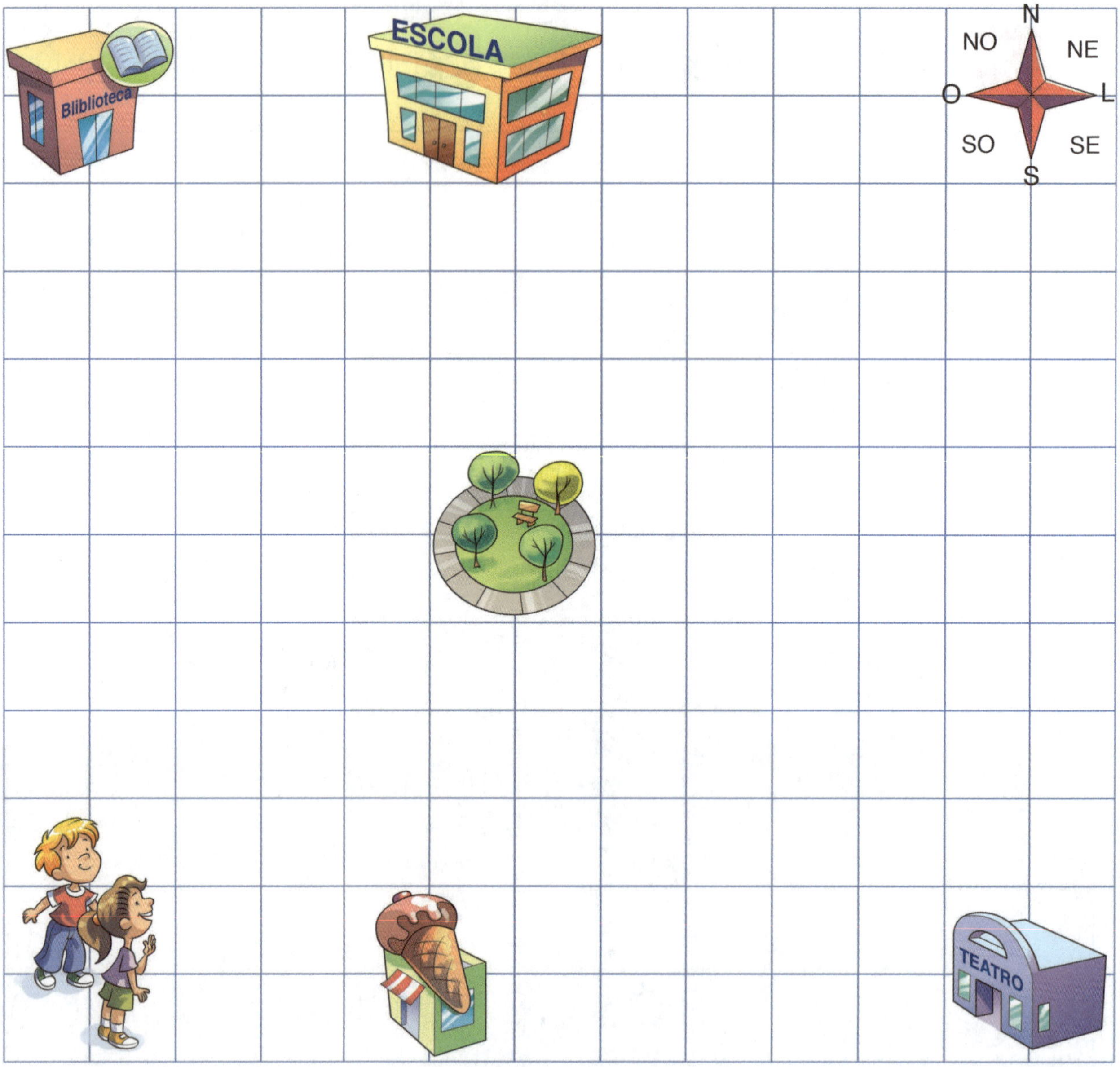

Ilustra Cartoon/Arquivo da editora

Ande:

- 2 casas para o norte;
- 3 casas para o leste;
- 4 casas para o norte;
- 1 casa para o oeste;
- 2 casas para o norte;
- 6 casas para o leste;
- 4 casas para o sul;
- 1 casa para o oeste;
- 4 casas para o sul;
- 4 casas para o leste;
- 1 casa para o sul.

5 Observe a ilustração abaixo, que representa o Sol no fim do dia, desaparecendo do horizonte. Depois, complete as direções cardeais e colaterais da rosa dos ventos.

Ilustra Cartoon/Arquivo da editora

....

- Agora complete a frase.

O Sol nasce no .... e se põe no ....

Ideias em ação

Localizando pontos de referência com a rosa dos ventos

Você já conhece as direções cardeais. Que tal conhecer a direção de alguns locais próximos a sua residência?

Para isso, você vai construir uma rosa dos ventos e aprender a localizar a direção norte a partir de sua casa. Mão à obra!

Material necessário

- folha de papel sulfite
- lápis e borracha
- canetinha colorida
- régua
- tesoura sem pontas
- cola

Como fazer

1. Divida a folha de papel ao meio. Dobre cada pedaço formando dois retângulos. Cole-os de forma a compor uma cruz. Com a canetinha, marque as direções cardeais nas pontas do papel.

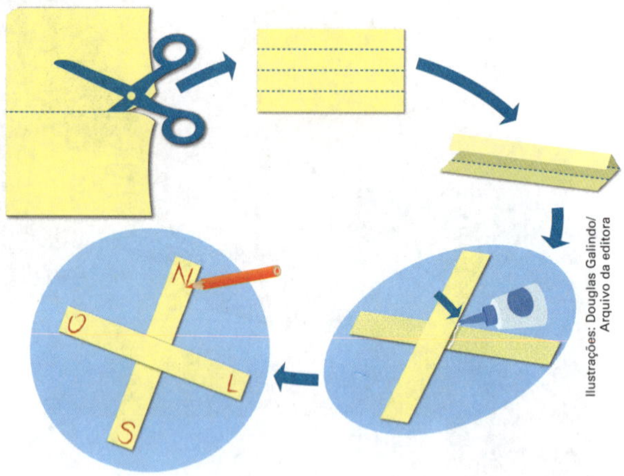

Ilustrações: Douglas Galindo/Arquivo da editora

2. Escolha uma área externa próxima a sua residência que receba luz solar o dia todo. Com o auxílio de um bastão, como o cabo de uma vassoura, identifique a posição da luz solar no nascer – esse é o leste. Com base nessa posição, oriente sua rosa dos ventos para que ela indique corretamente as direções cardeais.

3. Com o auxílio da rosa dos ventos, identifique a direção de alguns locais próximos a sua residência, como praça, comércio e vizinhança. Marque no esquema abaixo esses lugares na posição correspondente: ao norte, ao sul, a leste ou a oeste de sua residência. Utilize símbolos para representá-los.

4. Complete a legenda indicando o significado dos símbolos representados no esquema.

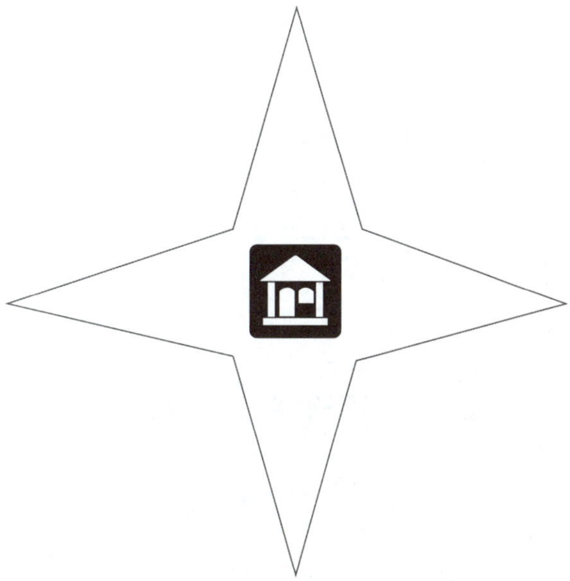

- ☐ .... ☐ ....
- ☐ .... ☐ ....
- ☐ .... ☐ ....
- ☐ .... ☐ ....

- Agora, responda: em qual direção você segue quando sai de sua casa para se divertir?

UNIDADE 2

As atividades econômicas

Vamos conversar?

- Você sabe como um estabelecimento, como um supermercado, é abastecido?
- Sabia que um supermercado tem matérias-primas e produtos industrializados? Você sabe a diferença entre eles?

O que vou estudar?

- A indústria
- O comércio
- O trabalho

Ilustra Cartoon/Arquivo da editora

SUPERMERCADO
FARINHA
FARINHA
FARINHA

Capítulo 3

A indústria

OED

Indústria é a atividade que transforma alguns produtos em outros, e faz isso em larga escala, isto é, em grandes quantidades.

O trigo, por exemplo, é um produto natural que, nas fábricas, transforma-se em farinha, um produto industrializado.

Veja como isso acontece:

Ilustrações: Ilustra Cartoon/Arquivo da editora

Ilustra Cartoon/Arquivo da editora

Para fabricar a farinha, a indústria utiliza o trigo. O trigo é uma matéria-prima.

Matérias-primas são produtos retirados da natureza para serem transformados pela indústria.

Os produtos transformados pela indústria são denominados **produtos industrializados**.

A matéria-prima pode ser de origem:

- animal
- vegetal
- mineral

Jorge Butsuen/Arquivo da editora

A carne é uma matéria-prima extraída de animais, como bois, porcos, aves.

Paul Stover/Getty Images

O trigo é uma matéria-prima procedente de um vegetal, ou seja, obtido de uma planta.

Haroldo Faria/kino.com.br

Os minérios de ferro são rochas encontradas na natureza.

Com essas e outras matérias-primas, a indústria fabrica alimentos, roupas, máquinas e outros produtos.

Veja, no quadro, algumas matérias-primas e os produtos industrializados feitos com elas.

Matéria-prima	Produtos industrializados
 leite	 manteiga, queijo, iogurte
 milho	 fubá, maisena, óleo
 trigo	 farinha, macarrão, biscoito
 cana-de-açúcar	 açúcar, rapadura, álcool
 algodão	 tecido, linha, óleo
 frutas	 doce, suco, geleia
 palmeira	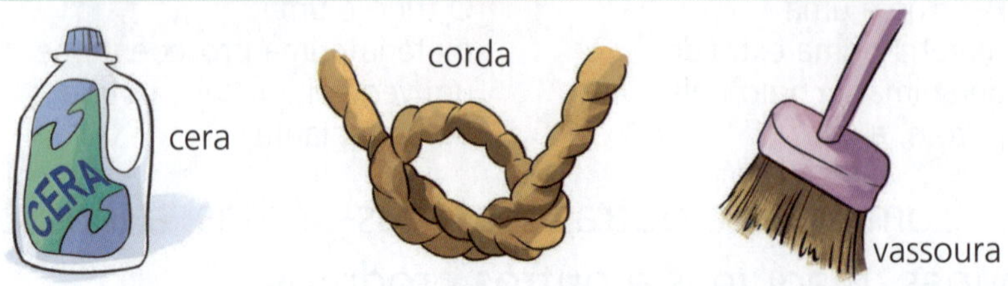 cera, corda, vassoura

Ilustrações: Ilustra Cartoon/Arquivo da editora

Tipos de indústria

Dependendo do que fabricam, as indústrias podem ser de vários tipos. Veja alguns deles:

Metalúrgica

Usando metais, essas indústrias fabricam diferentes produtos, como peças para carros.

Indústria metalúrgica em São Paulo (SP), 2013.

Marcia Minillo/Olhar Imagem

Danilo Verpa/Folhapress

Alimentícia

Essas indústrias são responsáveis pelos produtos alimentícios.

Indústria alimentícia em Sorocaba (SP), 2013.

Têxtil

Nessas indústrias são produzidos tecidos.

Indústria têxtil em Tubarão (SC), 2011.

Eduardo Zappia/Pulsar Imagens

Ricardo Azoury/Olhar Imagem

Automobilística

As indústrias de automóveis reúnem produtos de diversos outros tipos de indústria.

Indústria automobilística em Porto Real (RJ), 2008.

Atividades

1 Utilize as matérias-primas do quadro para completar a tabela.

leite	couro	trigo	tomate	ovo	ouro
lã de carneiro	milho	ferro	algodão		

Matérias-primas		
De origem animal	De origem vegetal	De origem mineral
....	....	....
....	....	....
....	....	
....	....	

2 Ligue a matéria-prima ao produto industrializado a que ela deu origem.

leite	álcool
milho	iogurte
cana-de-açúcar	suco
trigo	macarrão
frutas	tecido
algodão	gasolina
palmeira	vassoura
petróleo	fubá

3 Observe com atenção as figuras e numere as frases abaixo na ordem certa.

1

2

3

4

Ilustrações: Ilustra Cartoon/Arquivo da editora

( ) A cana-de-açúcar foi levada para a usina.

( ) Com o caldo da cana, foram fabricados vários produtos.

( ) A cana-de-açúcar foi plantada e colhida.

( ) Na usina, a cana-de-açúcar passou em moendas, ou seja, foi moída, e o caldo foi separado do bagaço.

4 Escreva qual é a matéria-prima utilizada para fabricar os produtos dos itens abaixo. Consulte o quadro e siga o exemplo.

madeira	algodão	leite	cacau
trigo	couro	cana-de-açúcar	petróleo

a) chocolate: cacau

b) mesa: ....

c) manteiga: ....

d) tecido: ....

e) pão: ....

f) açúcar: ....

g) sapato: ....

h) gasolina: ....

Capítulo 4

O comércio

As pessoas de uma localidade não conseguem produzir tudo aquilo de que necessitam para viver; por isso, os produtos de um lugar são vendidos para outros.

A compra e venda de produtos denomina-se **comércio**.

Por meio do comércio, compramos os produtos de que necessitamos. Esses produtos são comercializados em grandes e pequenos estabelecimentos, como lojas, mercados, feiras, quitandas.

Lucas Lacaz Ruiz/Fotoarena

Interior de um supermercado em São José dos Campos (SP), 2014.

Vanessa Volk/Fotoarena

Fachada de uma quitanda em Santos (SP), 2014.

Muita gente trabalha no comércio. As pessoas que trabalham no comércio são chamadas de **comerciários**.

Os donos dos estabelecimentos comerciais são os **comerciantes**, e as pessoas que compram os produtos são os **consumidores** ou **fregueses**. O produto comprado ou vendido é a **mercadoria**.

Saiba mais

As feiras livres

"Olha o tomate do bom, freguês!". "Moça bonita não paga, mas também não leva...". Quem é que nunca ouviu essas frases na feira? Além do pastel e do caldo de cana, na feira livre podemos comprar frutas, legumes, verduras, aves e peixes, entre outros produtos.

As feiras livres são montadas na rua, e os feirantes têm de acordar muito cedo, de madrugada mesmo, para estar com tudo pronto logo de manhã. Afinal, a feira não pode demorar muito, pois a maioria dos produtos é fresca. E, então, quem vai querer?

Elena Pominova/Shutterstock

Barraca em feira livre no Rio de Janeiro (RJ), 2013.

Alf Ribeiro/Pulsar Imagens

Central de abastecimento na Vila Leopoldina, em São Paulo (SP), 2014.
Nesse local, são distribuídos os alimentos que chegam até nós nas feiras livres.

Atividades

1 Leia estas frases:

> Rita trabalha na loja de calçados de seu Carlos.
> Rogério foi à loja e comprou um par de sapatos.

- Agora, escreva o nome:

a) do comerciário: ....

b) do comerciante: ....

c) do consumidor: ....

d) da mercadoria: ....

2 Escreva o nome de alguns estabelecimentos comerciais do bairro em que você mora e o nome de alguns produtos neles encontrados.

....

....

....

....

3 Pesquise em casa o nome dos estabelecimentos comerciais que sua família frequenta.

a) Padaria: ....

b) Farmácia: ....

c) Açougue: ....

d) Supermercado ou mercadinho: ....

e) Papelaria ou livraria: ....

4 Observe as imagens abaixo e escreva em que tipo de estabelecimento comercial você pode comprar cada produto.

Jacek Chabraszewski /Shutterstock/Glow Images

Africa Studio/Shutterstock/Glow Images

Gtranquillity/Shutterstock/Glow Images

Tischenko Irina /Shutterstock/Glow Images

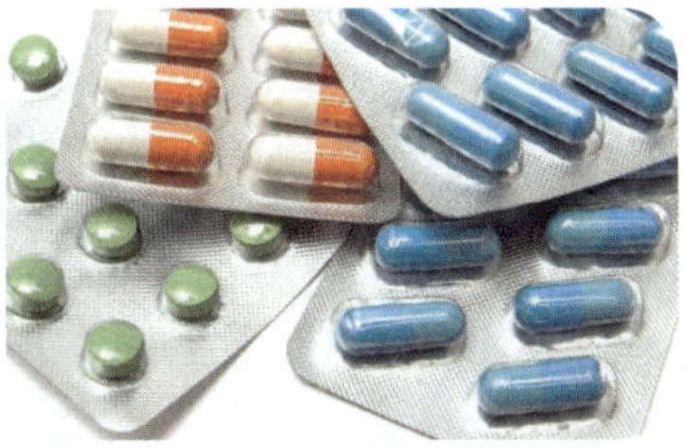
Ingvar Bjork/Shutterstock/Glow Images

Africa Studio/Shutterstock/Glow Images

studioVin/Shutterstock

sakchaistockphoto/Shutterstock

5 Escreva o nome de algumas mercadorias que as pessoas da sua casa costumam comprar.

Capítulo 5

O trabalho no município

Veja onde trabalham estas pessoas:

Thomaz Vita Neto/Pulsar Imagens

Trabalhadora rural no município de São José do Rio Preto (SP), 2013.

Delfim Martins/Pulsar Imagens

Trabalhadora urbana no município de Luís Eduardo Magalhães (BA), 2013.

A vida em um município depende da participação e do trabalho de todos. Trabalhando, somos úteis a nós mesmos e à comunidade.

As pessoas que trabalham geralmente recebem um **salário**, isto é, uma quantia em dinheiro que serve para atender às suas necessidades básicas: alimentação, moradia, roupas, educação, serviço médico.

No Brasil, o salário recebido por muitos trabalhadores não é suficiente para atender a essas necessidades básicas.

Na área rural, muitas pessoas trabalham na pecuária ou na agricultura, como a trabalhadora da primeira foto da página anterior.

Agricultura é o cultivo da terra e vai desde o preparo do solo para a plantação até a colheita. Os agricultores são aqueles que cultivam a terra, isto é, eles preparam o solo, adubam (colocam no solo produtos para torná-lo mais fértil e produtivo), semeiam, cuidam da plantação, combatem as pragas e doenças e por fim fazem a colheita.

Pecuária é a criação de animais para o fornecimento de carne, leite, couro e lã.

Para ter uma boa produção, é preciso cuidar bem dos animais, alimentando-os, vacinando-os contra as doenças que os atacam e mantendo o lugar onde vivem limpo e arejado.

Cesar Diniz/Pulsar Imagens

Criação de gado para fornecimento de leite em Caçapava (SP), 2012.

Saiba mais

Delfim Martins/Pulsar Imagens

As minhocas

As minhocas são muito importantes para a agricultura, porque fazem buraquinhos no solo que melhoram o arejamento da terra, ao mesmo tempo que produzem húmus (as fezes delas), um adubo natural que aumenta e melhora o aproveitamento de nutrientes e água pelas plantas. Elas servem também de alimentação para aves, peixes e outros animais.

Na área urbana de um município, as pessoas trabalham na indústria, no comércio, nos escritórios, nas escolas, nos hospitais e nos bancos, entre outras atividades.

Alamy/Other Images

professora

Beto Barata/AE/Agência Estado

carteiro

Tyler Olson/Shutterstock

vendedor

Jon Riley/Stone/Getty Images

bancária

Paul A. Souders/Corbis/Latinstock

bombeiros

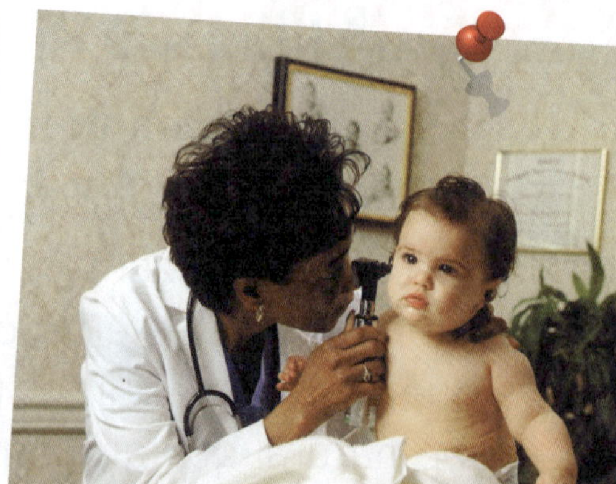
Dynamic Graphics

médica

Saiba mais

Profissões curiosas

Você já sabe o que vai ser quando crescer?

Antes de decidir, conheça algumas **profissões curiosas**.

Todo dia no parque

Quer andar na montanha-russa sem entrar na fila? O pessoal que faz a manutenção de brinquedos nos parques de diversões passa parte do dia só andando na roda-gigante e no carrinho bate-bate para testar as atrações. Eles precisam verificar tudo e entender bem o funcionamento de cada parte dos brinquedos para que depois todo mundo possa se divertir com segurança.

Ilustrações: Ilustra Cartoon/Arquivo da editora

Sempre em ação

Nem sempre é o mocinho do filme quem salta do avião, escapa do incêndio e escala montanhas. Muitas vezes as cenas perigosas são feitas por profissionais especializados, chamados de dublês, que têm preparação especial e precisam ser parecidos com os atores que vão substituir.

Que delícia!

Já pensou ter de experimentar chocolates e sorvetes o dia todo? Parece brincadeira, mas tem gente que faz isso. O chato é que às vezes os testadores têm de comer doces que não estão prontos e uns bem ruins. Eles provam um pouco de cada vez, sem misturar muitos sabores no mesmo dia, para garantir que só coisas gostosas cheguem aos supermercados.

Revista **Recreio**. São Paulo: Abril, ano 2, n. 95, p. 14-15, 3 jan. 2002.

Atividades

1 Escreva, no quadro abaixo, as funções de cada profissão.

Mecânico	
Policial	
Motorista	
Médico	
Bancário	
Carteiro	
Agricultor	
Professor	
Veterinário	

2 Alguma profissão que você conhece não está na lista da página anterior? Qual?

- Escreva e diga aos colegas o nome dela e sua função.

3 Qual profissão você gostaria de ter quando crescer?

a) Escreva e converse sobre isso com os colegas.

b) Depois, imagine-se trabalhando nessa profissão e faça abaixo um desenho.

Os serviços públicos

Todos nós pagamos impostos e tarifas ao governo do município, do estado e do país. Com o dinheiro recebido, os governos pagam os **serviços públicos**.

Os principais serviços públicos mantidos pela prefeitura são:

- limpeza pública;
- escolas, creches, museus, bibliotecas, parques;
- hospitais, prontos-socorros, postos de saúde;
- transporte coletivo;
- calçamento, iluminação e arborização de ruas, praças e avenidas;
- áreas de lazer, jardins zoológicos e praças públicas.

Palê Zuppani/Pulsar Imagens

Coleta de lixo em Juazeiro (BA), 2010.

Daniel Cymbalista/Pulsar Imagens

Equipamentos públicos de ginástica instalados em praça de São Paulo (SP), 2011.

Mauricio Simonetti/Pulsar Imagens

Biblioteca pública em Nova Olímpia (PR), 2014.

Os serviços públicos permitem às pessoas melhores condições de vida. Pagando honestamente os impostos e as taxas as pessoas estariam colaborando para o bem-estar da comunidade e para o progresso do país – mas nem sempre é isso o que acontece.

Por isso, as pessoas devem ficar atentas para o uso que é feito do dinheiro que elas pagam. É preciso exigir sempre que os governantes usem o dinheiro dos impostos de maneira honesta e adequada.

Atualmente, após as privatizações, muitos serviços públicos são prestados por empresas particulares.

João Prudente/Pulsar Imagens

Funcionários de empresa de fornecimento de energia elétrica fazem reparo na rede, em Campinas (SP), 2008.

Saiba mais

Quem é o servidor público?

As escolas e hospitais públicos, delegacias de polícia e bibliotecas públicas oferecem serviços grátis. Podemos frequentar esses locais e fazer uso de seus serviços porque nossos pais pagam impostos ao governo. Esses serviços, chamados "públicos", pertencem a todos nós, cidadãos. E quem presta esses trabalhos – os médicos, professores, advogados, bibliotecários e técnicos, entre outros funcionários – são pessoas muito importantes para o bem-estar da comunidade, que nos ajudam muito e, por isso, merecem todo o respeito e gratidão da população. [...]

Na verdade, até o presidente da República é um servidor público. Ou seja, todos aqueles que recebem o salário dos cofres "públicos" (onde fica o dinheiro dos impostos dos cidadãos) e ajudam o governo a atuar com a população são servidores. Quem dita essas regras é a Constituição de 1988. [...]

Plenarinho: o jeito criança de ser cidadão. Disponível em: <http://plenarinho.camara.gov.br/noticias/reportagem-especial/conheca-o-servidor-do-cidadao/?searchterm=servidor%20p%C3%BAblico>. Acesso em: 20 mar. 2015.

Atividades

1 Converse com seus familiares ou responsáveis e, depois, responda:

a) Quais são os principais tipos de serviço público que existem no município onde vocês moram?

....

....

....

....

b) Todos esses serviços públicos estão presentes no bairro onde vocês moram? Por quê?

....

....

....

....

c) Qual é o serviço público de que sua família sente mais falta no bairro? Por quê?

....

....

....

....

d) Sua família paga impostos e tarifas? Cite um imposto e um tipo de tarifa pagos por sua família.

....

....

....

2 Agora que você já sabe mais sobre o trabalho no município, faça uma pesquisa com seus pais, irmãos ou outras pessoas que moram com você.

Faça a eles as perguntas abaixo e escreva o que você descobrir:

a) Qual é a profissão de cada um?

....

....

b) Por que eles escolheram essa profissão?

....

....

c) A escolha do bairro ou do município onde vocês moram foi feita por causa do trabalho de alguém? Se sim, explique.

....

....

d) De que forma é feito o pagamento pelo trabalho: por mês, por semana ou por **empreitada**?

....

....

e) Cada um deles considera o salário que recebe satisfatório? Por quê?

....

....

3 Agora é hora de construir o gráfico das profissões dos familiares da turma.

a) O professor vai fazer na lousa uma lista das profissões dos familiares da turma.

b) Depois, em grupo, façam em uma folha à parte um gráfico indicando quais profissões predominam e quais estão em menor número.

O tema é...

A coleta e o tratamento do lixo

Ilustrações: Douglas Galindo/Arquivo da editora

Quando compramos equipamentos eletrônicos, brinquedos, alimentos e cosméticos também estamos consumindo as embalagens.

- O que você faz com as embalagens dos produtos que compra?
- Você costuma reaproveitar as embalagens dos produtos, como caixas de papelão e sacolas plásticas, para guardar ou transportar outros objetos?

- Na sua casa, como o lixo é separado?
- O que podemos fazer para diminuir o volume de lixo?

Um caminho para a solução dos problemas relacionados com o lixo é apontado pelo princípio dos 3Rs – reduzir, reutilizar e reciclar.

Reduzir significa consumir menos produtos e preferir aqueles que durem mais.

Reutilizar é, por exemplo, usar novamente as embalagens.

Reciclar é fabricar um produto a partir de um material usado.

Ministério do Meio Ambiente. Disponível em: <www.mma.gov.br/responsabilidade-socioambiental/producao-e-consumo-sustentavel/consumo-consciente-de-embalagem/principio-dos-3rs>. Acesso em: 22 jan. 2015. (Texto adaptado).

- Você pratica algum dos 3Rs no seu dia a dia? Compartilhe sua experiência com os colegas.

Zig Koch/Natureza Brasileira

Coleta seletiva de lixo em Araucária (PR), 2010.

- Como é a coleta de lixo no município onde você vive? O lixo reciclável é recolhido?
- Na sua residência, o lixo reciclável é separado do lixo orgânico?

Ideias em ação

Produzindo brinquedos de materiais reutilizáveis

Vamos produzir, artesanalmente, brinquedos com materiais reutilizáveis.

Material necessário

- palitos de sorvete
- potes de iogurte (vazios e limpos)
- caneta permanente
- tesoura sem pontas
- cola
- papel grosso de embalagens

Ilustrações: Fábio Sgroi/Arquivo da editora

Como fazer

1. Desenhe no papel grosso as orelhas de um animal (gato, cachorro, coelho, etc.).

2. Recorte as orelhas. Pinte e cole-as atrás do pote de iogurte.

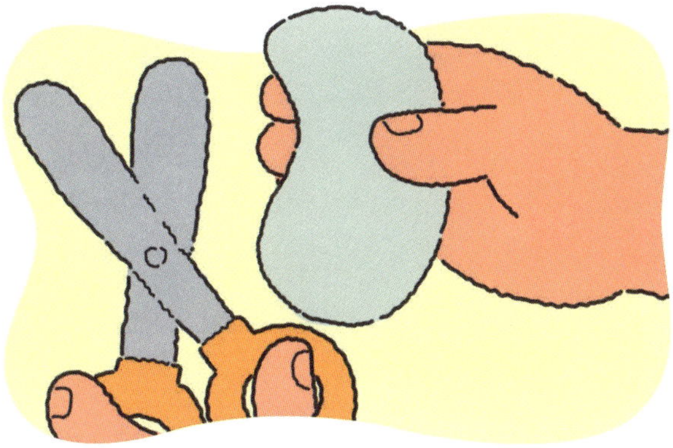

Ilustrações: Fábio Sgroi/Arquivo da editora

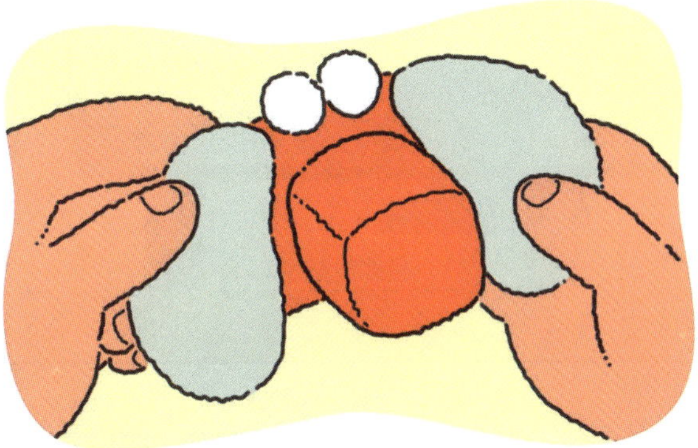

3. Desenhe no papel grosso duas bolinhas para os olhos do animal. Recorte-as e cole-as no pote.

4. Com a caneta permanente, pinte os olhos, o nariz e a boca do animal.

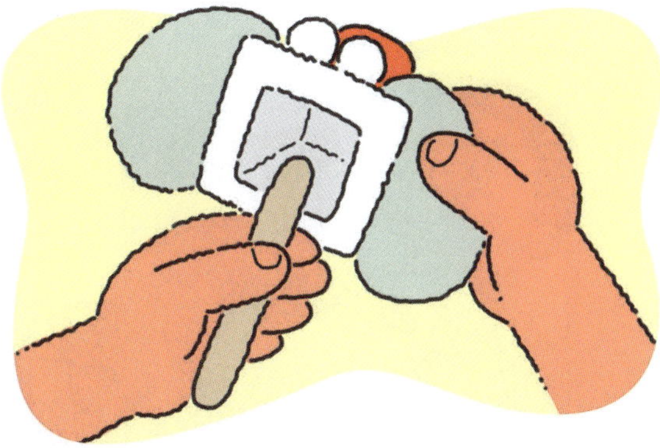

5. Cole o palito de sorvete na parte de trás do pote.

Disponível em: <http://blogs.estadao.com.br/estadinho/files/2011/09/est17_07.jpg>. Acesso em: 10 mar. 2015. (Texto adaptado).

- Em grupos, façam fantoches de outros animais.

UNIDADE 3

A paisagem

Vamos conversar?

- Você sabe como a água chega a nossa residência?
- Você acha que para a água chegar a nossa residência o ser humano interferiu na paisagem? Por quê?

O que vou estudar?

- Os elementos das paisagens
- Os tipos de relevo
- A importância da água
- Os diferentes climas e vegetações

Ilustra Cartoon/Arquivo da editora

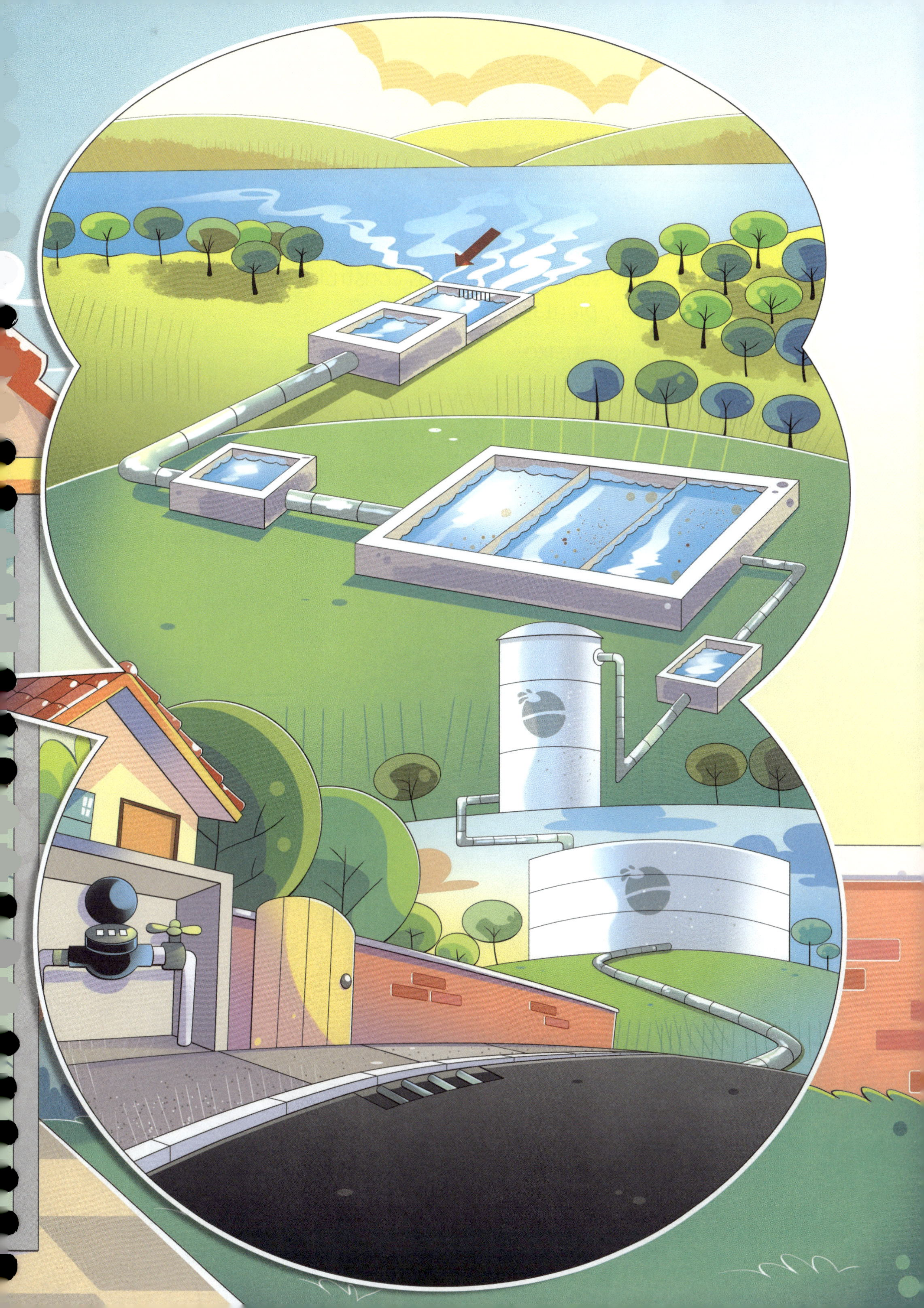

Capítulo 6

Os elementos da paisagem

Em uma paisagem podemos observar elementos naturais – como rios, montanhas, florestas – e elementos construídos pelo ser humano – como casas, estradas, plantações.

Observe a imagem abaixo.

- Que elementos naturais aparecem na imagem?
- Há elementos construídos pelas pessoas nesta imagem?

Praia de Maceió (AL), 2010.

Rogério Reis/Pulsar Imagens

Nas imagens a seguir, perceba como as pessoas modificaram as paisagens fazendo construções.

Edson Sato/Pulsar Imagens

Campo Grande (MS), 2012.

Paulo Fridman /Pulsar Imagens

Manaus (AM), 2013.

Observe agora estas fotos. Note que, nestas paisagens, a interferência humana não pode ser notada.

André Dib/Pulsar Imagens

Cruzeiro do Sul (AC), 2013.

André Dib/Pulsar Imagens

Palmeiras (BA), 2013.

A ação humana sobre a paisagem

Observe tudo o que está ao seu redor. O que foi feito pelo ser humano? O que não foi feito por ele?

O ser humano, muitas vezes, modifica a paisagem:

- plantando alimentos;

T photography/Shutterstock

Cultivo de café em Alfenas (MG), 2011.

- abrindo túneis;

Rubens Chaves/Pulsar Imagens

Túnel na rodovia Fernão Dias, em Mairiporã (SP), 2012.

- fazendo aterros;

Delfim Martins/Pulsar Imagens

Aterro sanitário em Guarulhos (SP), 2014.

- abrindo estradas;

João Prudente/Pulsar Imagens

Estrada em área rural de Paraisópolis (MG), 2012.

- construindo pontes e viadutos;

Ricardo Teles/Pulsar Imagens

Viadutos em São Paulo (SP), 2012.

- fazendo barragens nos rios;

Noberto Duarte/Agência France-Presse

Barragem em Foz do Iguaçu (PR), 2013.

- construindo cidades;

Delfim Martins/Pulsar Imagens

Vista da cidade de Santa Isabel (SP), 2014.

- canalizando a água dos rios.

Rubens Chaves/Pulsar Imagens

Canal do rio Bengo, em Caxambu (MG), 2014.

Os elementos naturais também transformam a paisagem

Os rios, os mares, as fontes, as serras, as montanhas, as ilhas, as florestas, os animais são componentes das paisagens que não foram feitos pelo ser humano.

Não é só o ser humano que faz modificações na paisagem. O vento, a chuva e outros agentes da natureza também provocam mudanças nela.

Eduardo Maynard / JCM / Fotoarena

Alguns trechos da costa brasileira sofrem com o avanço do mar, como em Jaboatão dos Guararapes (PE), 2013.

O vento bate por milhares de anos nas montanhas, carregando folhas, poeira e pequenos pedaços das rochas que as formam; assim, elas vão ficando cada vez mais baixas.

A água da chuva, caindo em um morro, por exemplo, vai levando pequenas quantidades de terra com ela; por isso, pouco a pouco, o morro vai ficando mais baixo.

Paulo Fridman/Pulsar Imagens

O vento também ajuda a esculpir formas do relevo. Ponta Grossa (PR), 2011.

Alan Marques/Folhapress

Exemplo de erosão causada pela água da chuva e dos rios. Brasília (DF), 2012.

Atividades

1 Observe a cena e converse sobre ela com os colegas e o professor.

Delfinópolis (MG), 2013.

- Após a conversa, responda às perguntas.

a) O que você observou?

....

....

b) Nessa paisagem predominam elementos naturais ou construídos pelas pessoas?

....

....

c) É possível perceber a interferência humana na paisagem? Por quê?

....

....

....

2 Observe na cena abaixo algumas modificações feitas pelo ser humano na paisagem.

- Agora, observe os números que indicam as modificações e escreva, ao lado deles, como foram feitas em cada caso.

1 ....

2 ....

3 ....

4 ....

5 ....

6 ....

7 ....

8 ....

9 ....

3. Responda às perguntas abaixo e, depois, converse sobre elas com os colegas e o professor.

a) Na sua opinião, as modificações feitas na paisagem da página anterior foram benéficas para o meio ambiente e para a vida das pessoas? Por quê?

b) Você já observou alguma mudança feita pelo ser humano na paisagem que tenha sido prejudicial ao meio ambiente e às pessoas? Se observou, escreva abaixo quais foram as mudanças.

4. Agora recorte, de jornais ou revistas usados, uma notícia sobre o meio ambiente na região onde você mora ou em outro lugar. Cole-a no espaço abaixo.

5 Observem como esta paisagem foi representada e leia a legenda.

Ilustra Cartoon/Arquivo da editora

- Converse com os colegas e o professor e depois responda às questões.

  a) Que tipo de paisagem está representada: urbana ou rural?

  ....

  b) Dos elementos desenhados, quais representam modificações feitas pelo ser humano na paisagem? Quais não representam?

  ....

  ....

  c) Você acha que a legenda ajuda a entender o desenho? Por quê?

  ....

  ....

6 Vamos fazer um mapa dos arredores da escola?

a) No caderno, faça um mapa da região onde se localiza sua escola; crie símbolos para indicar as principais modificações feitas na paisagem da região e, utilizando esses símbolos, indique no mapa onde se encontram essas modificações.

b) Faça uma legenda para ajudar na leitura do mapa. Separe as modificações em duas colunas. Observe:

LEGENDA	
modificações feitas pelo ser humano	modificações feitas pela natureza

7 Converse com os colegas e o professor sobre as seguintes questões:

a) Das modificações anotadas no mapa, quais trouxeram benefícios para as pessoas ou para a natureza?

b) Quais pioraram a qualidade de vida das pessoas? Por quê?

c) O que poderia ser feito para melhorar a paisagem?

- Ao final da conversa, desenhe, em uma folha à parte, as mudanças que você faria para melhorar a região onde fica a escola. Se quiser, utilize uma legenda para facilitar a leitura do desenho. Trabalhe em dupla.

Ilustra Cartoon/Arquivo da editora

O tema é...

Poluição visual e a saúde da população urbana

Rua comercial de Marília (SP), 2010.

Rua em favela do Rio de Janeiro (RJ).

- Você considera poluídos os lugares representados nas imagens?
- A cidade do município onde você vive tem lugares como esses mostrados nas imagens?

Um lugar pode ser considerado visualmente poluído quando há um grande número de anúncios, placas e outros elementos visuais colocados de forma desordenada. A poluição visual causa desconforto e mal-estar na pessoa que circula por esses lugares.

- Você conhece paisagens que considera visualmente poluídas? Que elementos nessas paisagens causam poluição visual?

Delfim Martins/Pulsar Imagens

Avenida em São Paulo (SP), 2004.

Delfim Martins/Pulsar Imagens

Avenida em São Paulo (SP), 2008. Após a proibição de *outdoors*, a paisagem mudou bastante.

Poluição visual: que mal isso faz?

O excesso de letreiros, fotografias, *banners* que são colocados em *outdoors*, faixas, cartazes, placas, avisos, murais, panfletos, entre outros, são responsáveis pelo cansaço visual, chegam a provocar dor de cabeça, irritação, estresse, sonolência, inquietação, cansaço e até distração nas ruas e avenidas, sendo muitas vezes, essa distração, responsável por acidentes graves envolvendo veículos automotores, pedestres, motoristas e passageiros.

Poluição visual: que mal isso faz?, de José Ednaldo Feitoza da Silva e Ivan Coelho Dantas. Disponível em: <http://sites.uepb.edu.br/biofar/download/v2n2-2008/06-poluicao_visual.pdf>. Acesso em: 23 jan. 2015.

- Converse com seus pais e familiares sobre os elementos que causam a poluição visual e suas consequências para a saúde humana. Compartilhe suas descobertas com os colegas.

Capítulo 7
O relevo

A superfície terrestre é a parte do planeta onde vivemos, plantamos e fazemos nossas construções.

Você já reparou que a superfície onde vivemos ou por onde andamos é irregular, ou seja, não é toda igual? Às vezes há uma leve subida, outras vezes há uma descida bem acentuada. Existem lugares altos e baixos, planos e ondulados.

Isso acontece porque a superfície do planeta vem sendo desgastada e modificada ao longo dos anos pelos ventos, pelas chuvas, pelo calor do Sol e principalmente pelo próprio ser humano.

A essas diferenças na forma da superfície da Terra damos o nome de **relevo**.

João Prudente/Pulsar Imagens

Paisagem rural de Analândia (SP), 2008. Observe que há uma área plana (onde estão as plantações de laranja) e, ao fundo, a borda de uma chapada. Essa área florestada entre as plantações indica o leito do rio.

Rogério Reis/Pulsar Imagens

Planície

Terreno plano (sem ondulações) e de grande extensão, geralmente mais baixo do que as terras ao seu redor.

Área de planície em Macapá (AP), 2012.

Morro

É uma elevação de pequeno ou médio porte do terreno.

Maurício Simonetti/Pulsar Imagens

Morro em Teodoro Sampaio (SP), 2014.

Luciana Whitaker/Pulsar Imagens

Serra

Uma grande extensão de morros forma uma serra.

Região serrana de Sumidouro (RJ), 2014.

Vale

É uma forma de relevo modelada por rios ou riachos, geralmente entre morros ou montanhas.

Christian Handl/Glow Images

Vale do rio Colorado (Estados Unidos), 2015.

Daniel Arantes/SambaPhoto

Chapada dos Guimarães (MT), 2012.

Chapada

É uma forma de relevo elevada, com altitude acima de 600 metros, cujo topo é relativamente plano e os lados podem ter diferentes inclinações. Toda a sua parte alta é relativamente plana e descoberta, podendo proporcionar uma vista ampla da região em que está localizada.

Atividades

1 Observe as formas de relevo ilustradas a seguir. Depois, conte aos colegas se você já ouviu falar ou se já esteve em algum lugar onde essas formas são encontradas.

montanha

vale

Ilustrações: Ilustra Cartoon/Arquivo da editora

2 Complete a cruzadinha.

1. Terreno plano, geralmente mais baixo do que as terras ao seu redor.
2. Conjunto de morros.
3. Grande elevação do terreno.
4. Forma de relevo baixo, geralmente entre morros ou montanhas.

Capítulo 8

Os rios

Observe a Terra, o planeta em que vivemos, vista do espaço. Até parece o planeta água, não é?

Isso acontece porque a água cobre mais da metade da superfície terrestre, formando os oceanos, rios, lagos.

Imagem de satélite do Planeta Terra.

A maior parte da água do planeta, porém, está em oceanos e mares e não é própria para o consumo porque é salgada.

A água utilizada para consumo no Brasil vem, em sua maior parte, de rios e lagos.

Rio é uma corrente de água natural que segue em direção ao mar, a um lago ou a outro rio.

Lago é uma porção de água cercada de terra. Os lagos pequenos são chamados de **lagoas**.

Observe com atenção a figura a seguir, que mostra um rio e suas partes.

Ilustra Cartoon/Arquivo da editora

Um rio que despeja suas águas em outro rio é chamado de **afluente**.

Além dos rios, há outros cursos de água, como ribeira ou ribeirão, riacho, regato, arroio ou córrego.

Quando as águas de um rio caem de certa altura, formam-se quedas-d'água, que também são chamadas de cascatas, cachoeiras, saltos ou cataratas.

As quedas-d'água mais famosas do nosso país são as Cataratas do Iguaçu, localizadas na fronteira do Brasil com a Argentina.

T photography/Shutterstock.com

Cataratas do Iguaçu (PR), 2010. Por sua beleza, constituem um ponto turístico bastante visitado por pessoas de todas as partes do mundo.

Atividade

Observe o mapa do Brasil.

Brasil: hidrografia

Adaptado de: **Atlas geográfico escolar**. 6. ed. Rio de Janeiro: IBGE, 2012.

- Responda às questões de acordo com o mapa.

  a) Essas linhas azuis do mapa representam os rios. E o que representam as outras áreas pintadas de azul?

  ....

  ....

b) Há poucos ou muitos rios cortando o território brasileiro?

....

....

....

....

....

c) Cite o nome de uma grande lagoa brasileira.

....

....

d) Que oceano banha o Brasil?

....

e) Em qual é o estado brasileiro você mora? Ele é banhado pelo mar?

....

....

....

f) Quais são os principais rios que cortam o estado onde você mora?

....

....

....

g) Existe algum rio ou lagoa na região onde você mora que não aparece representado(a) no mapa? Qual?

....

....

....

A importância dos rios

Os rios são muito importantes para nós, porque fornecem a água necessária para nossa vida.

Usamos essa água de várias maneiras: para cozinhar, fazer a higiene pessoal, limpar a casa e obter alimentos, como os peixes.

Além disso, os rios também são aproveitados para: a navegação, permitindo transporte de pessoas e cargas; a irrigação, isto é, para molhar a terra, principalmente nos lugares onde chove pouco; e a produção de energia elétrica nas usinas hidrelétricas.

Kevin Schafer/Alamy/Glow Images

Navegação no rio Negro próximo a Manaus (AM), 2007.

João Prudente/Pulsar Imagens

Plantação sendo irrigada em Serra Negra (SP), 2013.

Usina hidrelétrica de Itá (SC), 2010.

Jacek/kino.com.br

Como a água chega à sua casa?

A água que usamos em nossa casa vem de rios e lagos. Ela é retirada deles por meio de bombas.

Através de canos grossos, a água é levada até a estação de tratamento, onde passa por filtros que eliminam a sujeira. Depois, ela recebe produtos especiais que matam os seres causadores de doenças.

Em seguida, a água é distribuída para os reservatórios e daí para as residências.

Mesmo sendo tratada, quando a água chega à torneira da nossa casa ainda contém impurezas, que vêm das caixas-d'água e dos encanamentos. Por isso, é preciso filtrar ou ferver a água antes de bebê-la.

Em alguns lugares, a água é retirada de poços.

Para ficar sempre limpa, a água dos poços deve receber cloro. Também é preciso fervê-la ou filtrá-la antes de beber.

Ilustrações: Ilustra Cartoon/Arquivo da editora

Atividades

1 Pesquise e responda sobre os assuntos a seguir, referentes à água e à comunidade.

1º tema: A ÁGUA NA MINHA COMUNIDADE

a) Qual é o nome do principal rio que passa pelo bairro ou pelo município onde você mora?

....

b) Qual é a importância desse rio para a população? Assinale:

- ◯ pesca
- ◯ navegação
- ◯ produção de energia elétrica
- ◯ lazer
- ◯ abastecimento de água
- ◯ irrigação
- ◯ outros

Ilustra Cartoon/Arquivo da editora

c) Esse rio costuma ter peixes? Se a resposta for afirmativa, quais são os tipos de peixe mais comuns?

....

....

....

d) As águas desse rio são:

◯ limpas. ◯ poluídas.

e) Se as águas desse rio são poluídas, o que as levou a essa situação?

2º tema: COMO A ÁGUA CHEGA ATÉ AS RESIDÊNCIAS NA MINHA COMUNIDADE

a) De onde vem a água que chega à sua casa e à de seus vizinhos?

b) Essa água é tratada para que se torne adequada ao consumo?

c) As pessoas costumam filtrar ou ferver a água para beber? Por quê?

d) A comunidade onde você vive tem problemas com doenças originadas pela má qualidade da água? Quais?

2 O que devemos fazer se a água usada não for potável?

Pesquise em bibliotecas, na prefeitura, em postos de saúde ou visite alguns lugares onde é feito o tratamento da água. Escreva o que você descobriu e, depois, apresente seu trabalho aos colegas.

3 A água disponível para o consumo é bem pouca. Há previsões de que ela possa faltar em alguns locais no futuro. Por isso, é preciso usá-la sem desperdiçar. Vamos fazer uma campanha na escola para estimular a economia de água? Reúna-se com alguns colegas e mãos à obra!

a) Façam, em uma folha à parte, uma lista dos maus hábitos que podem aumentar o consumo de água, em casa ou na escola.

b) Criem cartazes ilustrados criticando maus hábitos e sugerindo atitudes corretas.

c) Afixem os cartazes em pontos bem movimentados da escola.

4 Que tal retratar uma paisagem com lago, rio ou mar que você já viu e de que gostou? Pode ser de qualquer lugar do Brasil ou do mundo.

a) Mostre seu trabalho aos colegas e observe as paisagens retratadas por eles.

b) Escolha a que mais lhe chamou a atenção. Explique o porquê.

Capítulo 9 O clima

O **tempo** pode variar de uma hora para outra, de um dia para outro... O frio, o calor, o vento, a chuva determinam as condições do tempo em certo momento.

Ilustrações: Ilustra Cartoon/Arquivo da editora

As características que o tempo de determinado lugar apresenta no decorrer de vários anos – chuva, temperatura alta ou baixa, ventos – é o que chamamos de **clima**.

O clima de uma região pode apresentar variação de acordo com as **estações do ano**: primavera, verão, outono e inverno.

No verão, geralmente, as temperaturas são mais elevadas, e no inverno, mais baixas. Mas nem sempre isso acontece. Há alguns lugares no Brasil, por exemplo, onde faz calor o ano inteiro, e há outros onde, em determinadas épocas do ano, faz muito frio.

Existem também lugares em que chove regularmente o ano todo, enquanto algumas regiões do Brasil podem ficar sem chuva durante anos.

A observação do tempo

O ser humano observa as variações do tempo desde períodos remotos. Alguns registros de chuvas, furacões e secas são muito antigos. Ainda hoje esse tipo de observação direta é importante para a previsão do tempo.

Atualmente, temos equipamentos que auxiliam a previsão do tempo. Eles se localizam aqui na superfície terrestre, como os equipamentos das estações meteorológicas, e em diversas camadas da atmosfera, como os satélites. Veja alguns exemplos na ilustração a seguir.

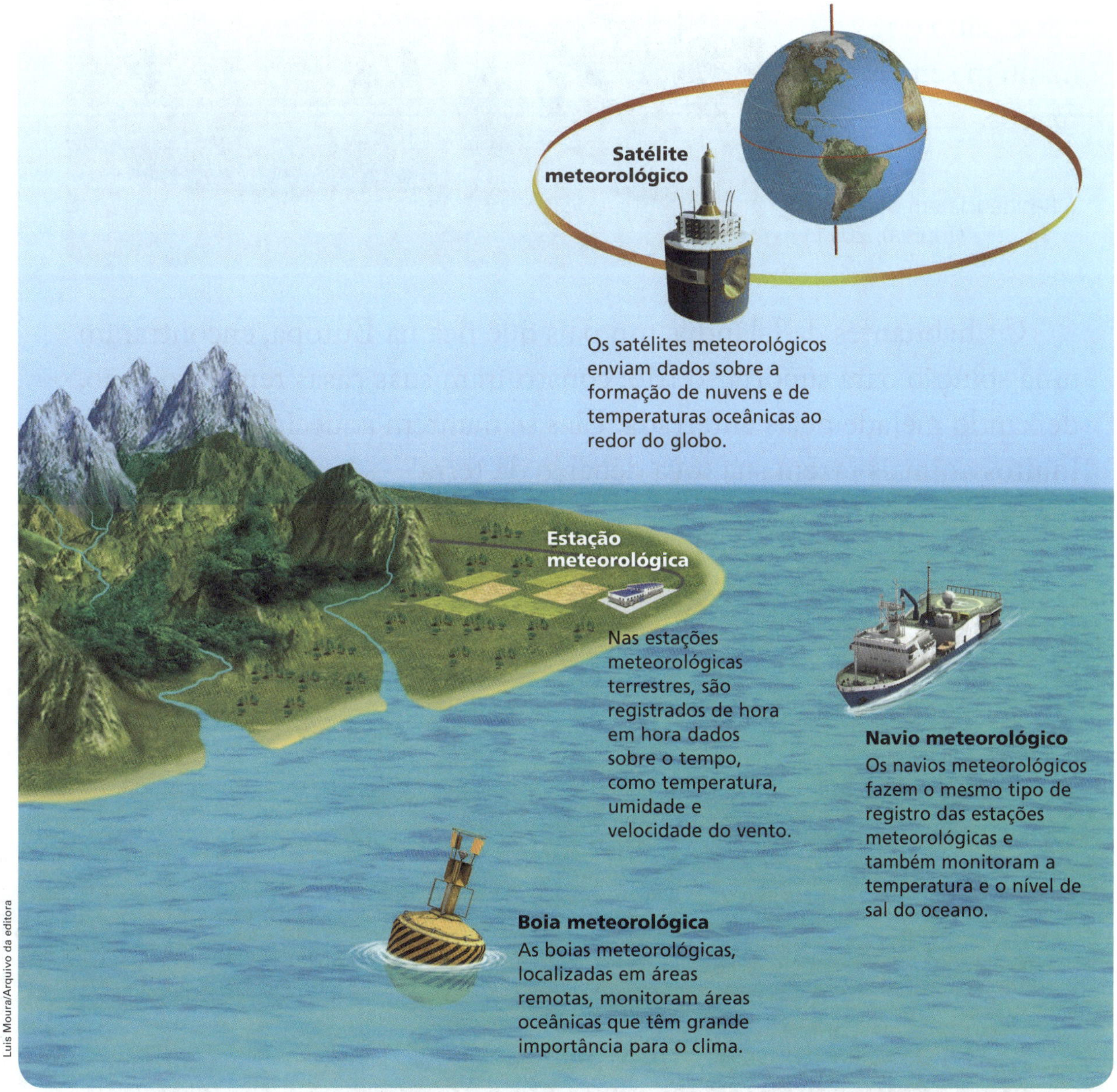

Adaptado de: **Tempo & clima**. Rio de Janeiro: Abril Livros, 1995. (Ciência e natureza).

Saiba mais

O clima e as casas

Na Tunísia, um país do norte da África, quem não caminha com atenção pode até tropeçar nas casas! É que elas são escavadas no solo, a cinco ou dez metros de profundidade – quando têm apenas um pavimento. O pátio central fica a céu aberto, para receber a luz. Os cômodos são escavados em torno desse pátio e se mantêm sempre frescos.

Dallas & John Heaton/Glow Images

Residência em Matmata (Tunísia), 2011.

Os habitantes da Islândia, um país que fica na Europa, encontraram uma solução para suportar o frio: construíram suas casas rentes ao chão, deixando metade delas enterrada. Elas se mantêm aquecidas porque muitos animais fazem sua toca debaixo da terra!

O truque de Cúri: as casas do mundo, de Claire Ubac. São Paulo: Scipione, 2002. (Radar 48). (Texto adaptado).

Residência em Glaumbaer (Islândia), 2010.

Robert Harding Michael Runkel/Glow Images

Atividades

1 Com os colegas de classe e o professor, vá até o pátio da escola. Observe como está o tempo e assinale:

- ( ) faz frio
- ( ) faz calor
- ( ) venta
- ( ) há nuvens no céu
- ( ) faz sol
- ( ) chove
- ( ) está nublado
- ( ) ....

2 Desenhe ou recorte de jornais e revistas e cole, abaixo, figuras que mostrem: tempo chuvoso, tempo ventoso, tempo frio e tempo quente. Se preferir, faça um desenho.

3 Observe durante uma semana como está o tempo no lugar onde você mora. Tendo por base os símbolos abaixo, anote a seguir o que você viu.

dia de sol	dia de chuva	dia nublado	dia de vento

Ilustra Cartoon/Arquivo da editora

segunda-feira: ______

terça-feira: ______

quarta-feira: ______

quinta-feira: ______

sexta-feira: ______

sábado: ______

domingo: ______

4 Agora, responda às perguntas.

a) Em que estação do ano estamos?

______

b) Que tempo predominou durante a semana observada?

______

c) Houve muita variação de tempo?

______

d) Em que dia fez mais calor? E mais frio?

______

- Converse sobre suas respostas com os colegas.

5 Você saberia descrever as modificações que acontecem no tempo ao longo de um ano no lugar onde você vive? Anote suas observações no caderno.

6 O mapa a seguir mostra os principais tipos de clima existentes no Brasil.

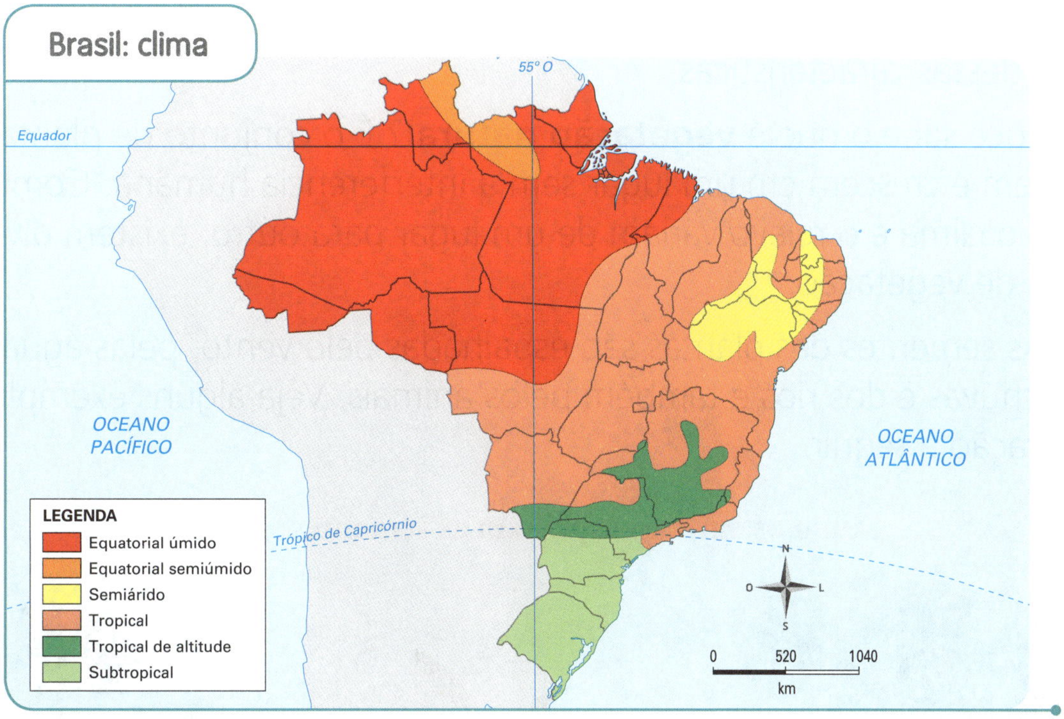

Geografia do Brasil, organizado por Jurandyr L. Sanches Ross. São Paulo: Edusp, 2001.

a) Localize nesse mapa a região onde você mora e descubra o tipo de clima predominante nela.

....

b) Circule os desenhos que correspondem a características do clima do lugar onde você mora.

quente e chuvoso | quente e seco | temperaturas amenas | inverno frio

Ilustra Cartoon/Arquivo da editora

Capítulo 10

A vegetação

Cada região tem características próprias, em razão das diferenças no relevo, da quantidade de água, do tipo de clima. A vegetação é também uma dessas características.

Você sabe o que é **vegetação natural**? É o conjunto de plantas que nascem e crescem em um lugar sem a interferência humana. Como o solo, o clima e o relevo variam de um lugar para outro, existem diversos tipos de vegetação.

As sementes das plantas são espalhadas pelo vento, pelas águas das chuvas e dos rios e também pelos animais. Veja alguns exemplos na ilustração a seguir.

Como os animais espalham as sementes?

Osni de Oliveira/Arquivo da editora

Adaptado de: **Ecologi**
Rio de Janeiro: Abril Livros
1995. (Ciência e naturez

A destruição da vegetação

A ação do ser humano na paisagem – destruindo a vegetação natural para plantar, construir, criar pastagens – pode acabar com as espécies de animais que dela dependem para se alimentar e se abrigar.

Como o ser humano provoca o desmatamento?

Juvenal Pereira/Pulsar Imagens

O corte de árvores é uma etapa da ocupação das áreas florestais para o cultivo de plantas e a criação de animais – a agricultura e a pecuária são atividades ligadas ao desmatamento. Rio Branco (AC), 2007.

Michael Wheatley/Glow Images

Muitas áreas são desmatadas em razão de incêndios ilegais. Após a destruição da vegetação, a área fica disponível para outras atividades. Parque Nacional Banff (Canadá), 2015.

DEA Picture Library/Getty Images

A madeira das árvores de florestas tropicais é muito valorizada na fabricação de móveis e residências.

Andre Jenny/Glow Images

A poluição do ar provoca a ocorrência de chuva ácida, que destrói as folhas das árvores. Parque Nacional Great Smoky Mountains (Estados Unidos), 2012.

A vegetação natural do Brasil

Vamos conhecer os principais tipos de vegetação natural do Brasil?

As florestas

As **florestas** são formações vegetais em que predominam as árvores. Elas são, em geral, próximas umas das outras. No Brasil, a vegetação original da maior parte do território era composta de florestas. Conheça a seguir as principais florestas brasileiras.

Floresta Amazônica
É uma das florestas mais importantes do mundo e abriga uma enorme variedade de espécies de plantas e animais. Algumas de suas árvores chegam a ter mais de 50 metros de altura.

Mata de Araucárias
Nela predominam os pinheiros – árvores grandes, que chegam a 50 metros de altura, com folhas estreitas e duras, que crescem em galhos bem altos. Sua semente, o pinhão, é comestível.

Mata dos Cocais
É formada por palmeiras, como o babaçu e a carnaúba, das quais é extraída a matéria-prima para produção de óleo, cera, sabão e fibras, por exemplo.

Mata Atlântica
Quando os portugueses chegaram às terras que hoje formam o Brasil, a mata Atlântica ocupava todo o litoral. Mas foi sendo devastada aos poucos, e hoje só é encontrada em algumas pequenas áreas.

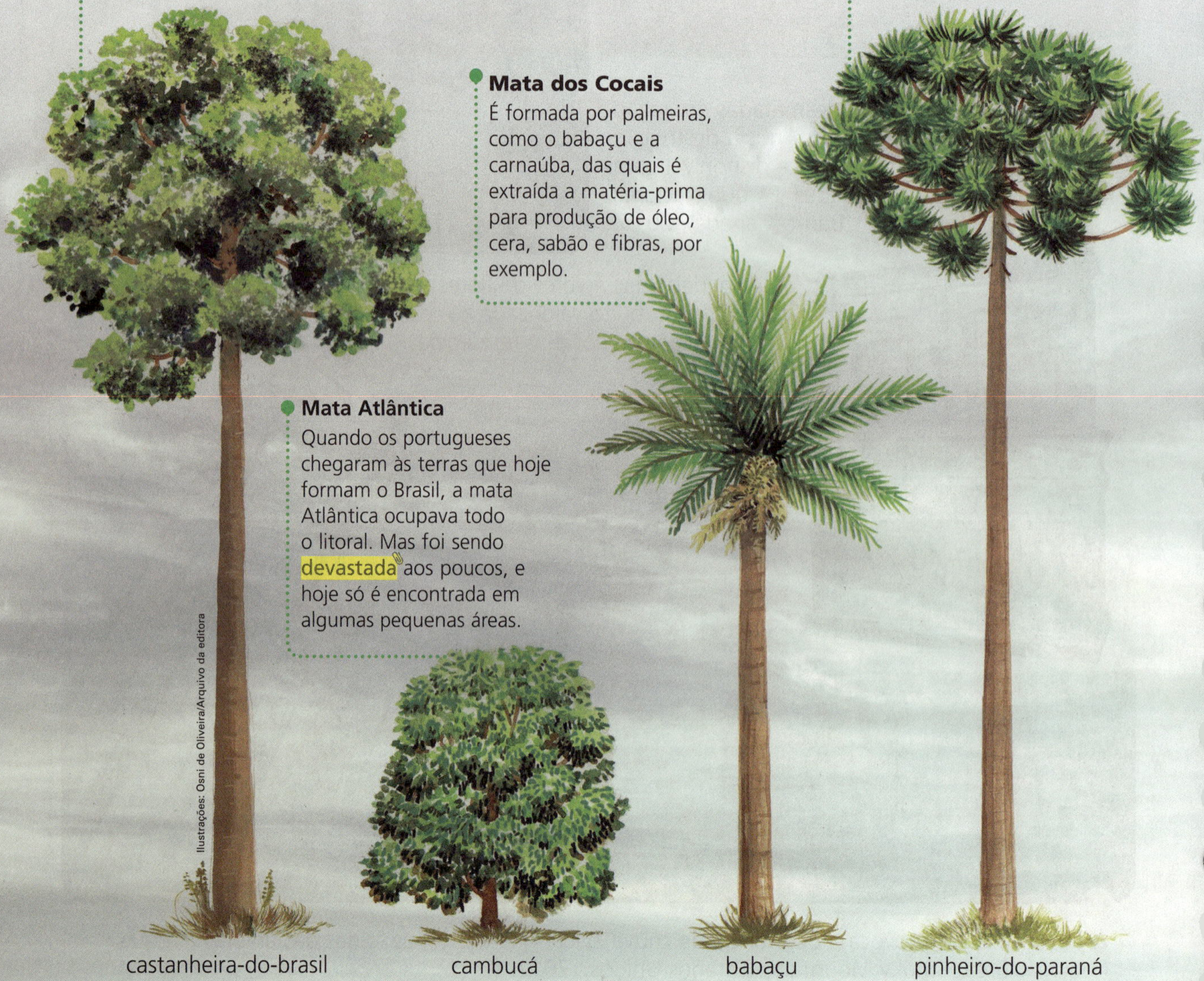

Ilustrações: Osni de Oliveira/Arquivo da editora

Outras formações vegetais

Em nosso país temos tipos de vegetação em que as árvores não são as plantas predominantes. São exemplos dessas formações o cerrado, a caatinga, os campos, as restingas e os manguezais.

A **vegetação pantaneira** é uma mistura de espécies de plantas do cerrado, de campos e de florestas.

Cerrado
O cerrado é formado por campos com árvores retorcidas e muitos arbustos. Em alguns trechos, a mata é mais densa, em outros, menos. Ocupa terras planas, em várias regiões do centro do Brasil, onde existem muitos riachos, rios e cachoeiras. Grandes áreas do cerrado estão ameaçadas pela devastação, porque estão sendo ocupadas pela agricultura.

Caatinga
A caatinga aparece em regiões secas do Nordeste do Brasil. É formada por arbustos e pequenas árvores, geralmente espinhosas, que perdem suas folhas durante a longa estação seca. Nessa estação, a cor predominante da vegetação é marrom, mas, quando chove, tudo fica verde.

Campos
Os campos, ou Pampas, são formados por uma vegetação rasteira, como o capim e a grama. Às vezes aparecem algumas árvores isoladas, principalmente perto de rios ou riachos. É uma vegetação típica do Sul do Brasil e muito adequada para a criação de gado. Mas grande parte dos campos originais foi substituída pelas plantações.

Vegetação litorânea
A vegetação litorânea brasileira é formada por restingas e manguezais.
As **restingas** são compostas de plantas que se adaptam ao solo arenoso das praias. Existem poucas áreas de restingas ainda preservadas no Brasil.
Os **manguezais** aparecem em regiões do litoral onde o solo é uma espécie de lama mole e escura, constantemente invadido pela maré. Eles ainda podem ser encontrados em várias partes do litoral brasileiro, garantindo a vida e o abrigo de muitas espécies de animais.

ipê-do-cerrado

mandacaru

quebra-panela

Blutaparon portuldcoide

Atividades

1 Complete a cruzadinha da vegetação brasileira.

1. Vegetação formada por restingas e manguezais.
2. Vegetação que mistura cerrado, campo e floresta.
3. Vegetação rasteira, como capim e grama.
4. Vegetação formada por campos com árvores retorcidas e muitos arbustos.
5. Mata encontrada, hoje, em algumas áreas do litoral do Brasil.
6. É uma das florestas mais importantes do mundo. Abriga uma enorme variedade de espécies de plantas e animais.
7. Mata onde predominam os pinheiros, existindo hoje em pequenas áreas do Sul do Brasil.
8. Aparece nas regiões secas do Nordeste do Brasil. É formada de pequenas árvores, geralmente espinhosas.

2 Observe, no mapa abaixo, os principais tipos de vegetação natural do Brasil antes das devastações e localize o estado onde você mora.

Brasil: vegetação natural

Geoatlas, de Maria Elena Simielli. São Paulo: Ática, 2010.

- Agora responda às questões.

a) Segundo o mapa, que tipo de vegetação natural é típica do estado onde você mora?

....

b) Essa vegetação ainda existe no lugar onde você mora?

....

c) Você conhece outro lugar onde ela ainda existe?

....

....

Ideias em ação

Simulando a infiltração da água no solo

Quando chove, uma parte da água se infiltra no solo. Essa água abastece os rios e os reservatórios de água subterrânea.

Para compreendermos melhor como a água se infiltra nas camadas de solo, vamos construir um filtro de água caseiro.

Material necessário

- garrafa PET de 2 litros
- areia fina
- areia grossa
- cascalho fino
- cascalho grosso
- algodão
- copo grande
- água
- terra
- folhas
- tesoura sem pontas

Como fazer

1. Com o **auxílio de um adulto**, corte a garrafa PET um pouco acima da metade.
2. Encaixe a parte superior da garrafa dentro da parte inferior. Atenção: Deixe o bico da garrafa virado para baixo.

Douglas Galindo/Arquivo da editora

3. Na parte superior da garrafa, onde fica o bico, coloque as seguintes camadas de materiais: algodão, areia fina, areia grossa, cascalho fino e cascalho grosso.

Ilustrações: Douglas Galindo/Arquivo da editora

4. No copo grande, misture a água, a terra e as folhas.

5. Despeje, aos poucos, a água suja no filtro caseiro e observe o que ocorrerá.

Experiência adaptada de: <http://chc.cienciahoje.uol.com.br/um-filtro-so-seu>. Acesso em: 10 mar. 2015.

Lembre-se de que **essa água não pode ser bebida**! Não se trata de água potável, pois há partículas que podem afetar nossa saúde!

Agora que você já observou o processo de filtragem da água, responda:

- O que aconteceu com a terra e as folhas que estavam na água?
- Após a filtragem a água ficou mais limpa?
- Ainda há partículas e sujeira visíveis na água filtrada?

UNIDADE

4 O município

Vamos conversar?

- Você sabe como funciona a Câmara dos Vereadores?
- Sabe qual é a função de um vereador?

O que vou estudar?

- Área urbana e área rural
- A vida no município
- A administração do município
- Representação e localização do município

Ilustra Cartoon/Arquivo da editora

Capítulo 11

Conhecendo o município

OED

Observe as imagens a seguir.

João Prudente/Pulsar Imagens

Área urbana do município de Jacutinga (MG), 2014.

João Prudente/Pulsar Imagens

Área rural do município de Jacutinga (MG), 2014.

Como você pôde ver, as fotos mostram lugares muito diferentes, mas que ficam no mesmo município.

Geralmente, o município é formado por uma área urbana e uma área rural.

A área urbana do município

Na área urbana, conhecida como cidade, há maior concentração de prédios, casas, estabelecimentos comerciais e industriais, avenidas, ruas e outras construções.

Ruy Barbosa Pinto/Getty Images

Área central de Aracaju (SE), 2012.

A área rural do município

Na área rural, também conhecida como campo, predominam sítios, chácaras, fazendas e áreas de plantações e de florestas.

Ao contrário da área urbana, em geral as construções da área rural ficam bem distantes umas das outras.

João Prudente/Pulsar Imagens

Cultivo de hortaliças em Campinas (SP), 2010.

Atividades

1 Cada parte de uma cidade pode ter características bem diferentes umas das outras. Observe as fotos.

Ismar Ingber/Pulsar Imagens

1 Barra da Tijuca, no Rio de Janeiro (RJ), 2013.

Mauricio Simonetti/Pulsar Imagens

2 Santo Antônio, no Recife (PE), 2013.

Delfim Martins/Pulsar Imagens

3 Mooca, em São Paulo (SP), 2013.

a) No bairro mostrado na foto 1 há:

◯ mais edifícios residenciais.

◯ mais estabelecimentos comerciais.

b) No bairro mostrado na foto 2 você vê mais:

◯ casas.

◯ estabelecimentos comerciais.

c) Em qual das três fotos predominam elementos industriais?

....

2 Responda às perguntas.

a) Qual é o nome do município onde você mora? É um município grande ou pequeno?

....

b) No caderno, responda: você mora na área urbana ou na área rural do município? Explique sua resposta, dando exemplos das características da área onde você mora.

3 Apenas uma das fotos não faz parte da área urbana de um município. Circule-a.

Liane Neves/Arquivo da editora

Porto Alegre (RS).

Valdemir Cunha/Arquivo da editora

Brasília (DF).

Fabio Colombini/Acervo do fotógrafo

São Paulo (SP).

João Marcos Rosa/Arquivo da editora

Belo Horizonte (MG).

Flavio Veloso/Arquivo da editora

Rio de Janeiro (RJ).

Gerson Gerloff/Pulsar Imagens

Itaara (RS).

Áreas de lazer

Nas grandes cidades, há áreas de lazer onde as pessoas podem andar de bicicleta, jogar, fazer caminhadas...

Nas áreas rurais, as pessoas podem também se divertir tomando banho de rio ou cachoeira, fazendo trilhas, visitando clubes, andando a cavalo, entre outras atividades.

Renato Soares/Pulsar Imagens

Crianças tomando banho de rio em Gaúcha do Norte (MT), 2013.

Em casa, também é possível ter momentos de diversão. Veja algumas atividades que você pode realizar em casa:

- ler
- brincar com vizinhos

EpicStockMedia/Shutterstock/Glow Images

Daniel Cymbalista /Pulsar Imagens

Atividade

- Responda às questões abaixo.

a) Como você e sua família costumam se divertir?

b) Você pratica ou gostaria de praticar algum esporte? Qual? Desenhe-o e escreva o nome dele no caderno.

c) No município onde você mora, existem áreas de lazer (parques, praças, clubes) para adultos e crianças? Você frequenta algum desses lugares? Desenhe um deles abaixo e, depois, explique as atividades que existem nele.

d) Você já foi a alguma festa popular tradicional em seu município? Escreva o que sabe sobre ela.

- Agora converse com os colegas sobre essas questões.

Capítulo 12

Quem governa o município

Em toda comunidade, há sempre alguém que cuida dos interesses das pessoas que fazem parte dela. Na família, são o pai e a mãe ou os responsáveis; na escola, é o diretor; nos templos religiosos, é o sacerdote.

E, no caso do município, quem cuida dos interesses da população, ou seja, quem o governa?

Cuidar de um município, de um estado e de um país são tarefas muito trabalhosas, por isso as pessoas se dividem em grupos para executá-las. Nos municípios, temos o Poder Executivo e o Poder Legislativo. Cada um deles tem o dever de cuidar dos problemas do município e de atender às necessidades dos moradores.

O Poder Executivo

O Poder Executivo atua na prestação de serviços públicos.

No município, o chefe do Poder Executivo é o **prefeito**. Ele é auxiliado em seu trabalho pelo vice-prefeito e pelos secretários de governo. A sede do Poder Executivo do município é a prefeitura.

Edu Lyra/Pulsar Imagens

Prefeitura de Cachoeira do Arari (PA), 2012.

O prefeito e o vice-prefeito são escolhidos pelo povo, por meio de eleições diretas. A função deles é administrar o município e fazer cumprir as leis.

O prefeito é quem cuida, por exemplo, da construção de obras públicas, como estradas, escolas e hospitais. Para fazer todas essas obras, ele administra o dinheiro dos impostos que a população do município paga. Por isso, é importante saber o que cada candidato a prefeito pensa em fazer com o dinheiro dos impostos antes de votar.

O Poder Legislativo

O Poder Legislativo é responsável pela criação das leis.

No município, esse poder é formado pelos **vereadores**, que trabalham em grupo para criar leis que melhorem a vida dos moradores. Eles também ajudam a fiscalizar se o prefeito está fazendo o seu trabalho corretamente.

A sede do Poder Legislativo do município é a Câmara Municipal.

Os vereadores também são escolhidos por eleições diretas. A quantidade de vereadores de um município depende do número de moradores: quanto mais moradores, mais vereadores.

Gerson Gerloff /Pulsar Imagens

Câmara Municipal de São José do Norte (RS), 2014.

Atividades

1 Vamos saber mais sobre quem governa o município onde você mora?

a) O professor vai dividir a turma em dois grupos:

- O grupo 1 vai recolher informações sobre o Poder Executivo do município: qual é o nome do prefeito? Quando foi eleito? Quando haverá novas eleições? Onde fica a sede da Prefeitura?
- O grupo 2 vai reunir informações sobre o Poder Legislativo do município: quantos são os vereadores? Quem é o presidente da Câmara dos Vereadores? Quando haverá novas eleições? Onde fica a Câmara Municipal de seu município?

b) Cada grupo vai organizar tudo o que descobriu para apresentar aos colegas.

2 Pesquise em casa, com seus familiares, e complete as lacunas.

a) A pessoa que vota se chama .... e o documento necessário para votar é o ....

....

b) Você ainda .... (pode/não pode) votar para escolher o prefeito e os vereadores do município em que vive, porque ....

....

c) As pessoas de sua casa .... (estão/não estão) satisfeitas com as realizações dos candidatos em que votaram na última eleição para prefeito e vereador porque ....

....

3 Procure em um jornal uma notícia sobre o prefeito do município onde você mora e cole-a no caderno.

a) Leia a notícia para o professor e os colegas e conversem sobre o assunto de que ela trata.

b) Escreva uma frase dando a sua opinião: a notícia é boa para a população? Por quê?

4 Imagine que você pudesse ser o prefeito do município onde mora. Quais seriam suas principais ações para melhorar a vida da população?

- Pense em três coisas que você faria, escreva-as abaixo e apresente-as à turma.

5 Faça uma pesquisa sobre um projeto relacionado ao meio ambiente do município onde você mora e escreva no espaço abaixo quem o idealizou (o prefeito ou um vereador) e os resultados obtidos. Se não existir nenhum projeto no município, use o espaço abaixo para propor um que você ache importante.

O tema é...

O papel das leis na vida dos povos tradicionais

Fabio Colombini/Acervo do fotógrafo

Criança do povo indígena Saterê-Maué. Manaus (AM), 2009.

Zé Zuppani/Pulsar Imagens

Criança de comunidade caiçara. Guarujá (SP), 2014.

As populações tradicionais, como caiçaras, indígenas e quilombolas, têm uma relação muito próxima com as terras onde vivem.

Eles utilizam as terras de forma coletiva e exploram os recursos com cuidado.

Fabio Colombini/Acervo do fotógrafo

Criança da comunidade quilombola Kalunga. Cavalcante (GO), 2010.

- Você conhece as culturas caiçara, indígena e quilombola?
- Esses grupos fazem parte da população do município onde você vive?

No caso indígena, para acabar com a cultura basta tirar a terra. Sem terra o índio não sobrevive.

Marcos Terena. Disponível em: <http://veja.abril.com.br/noticia/mundo/direito-a-terra-e-a-cultura-leva-indigenas-a-rio-20>. Acesso em: 10 mar. 2015.

Cassandra Cury/Pulsar Imagens

Placa na entrada de terra indígena em Dourados (MS), 2015.

Rogerio Reis/Tyba

Comunidade quilombola de Povoado de Recurso em Santa Rita (MA), 2008.

As comunidades quilombolas ocupam há muito tempo suas terras. Ali vivem coletivamente: cultivam as terras e exploram os recursos para o bem de todos os membros da comunidade.

- Como as nossas leis garantem às populações tradicionais a permanência em suas terras?
- Qual é a importância do reconhecimento e da titulação das terras ocupadas por comunidades tradicionais?

Capítulo 13 Representações do município, do estado, do país

A localização do município

Veja a localização do município onde Tadeu mora no Brasil.

Localização de Pernambuco e Recife

Adaptado de: **Atlas geográfico escolar**. 6. ed. Rio de Janeiro: IBGE, 2012.

Como representar os espaços do município

Você já aprendeu que o município é formado pela área urbana, também conhecida como cidade, e pela área rural, também chamada de campo.

Veja a ilustração de um município.

Ilustrações: Ilustra Cartoon/Arquivo da editora

Agora, observe a representação cartográfica da área urbana e da área rural desse município.

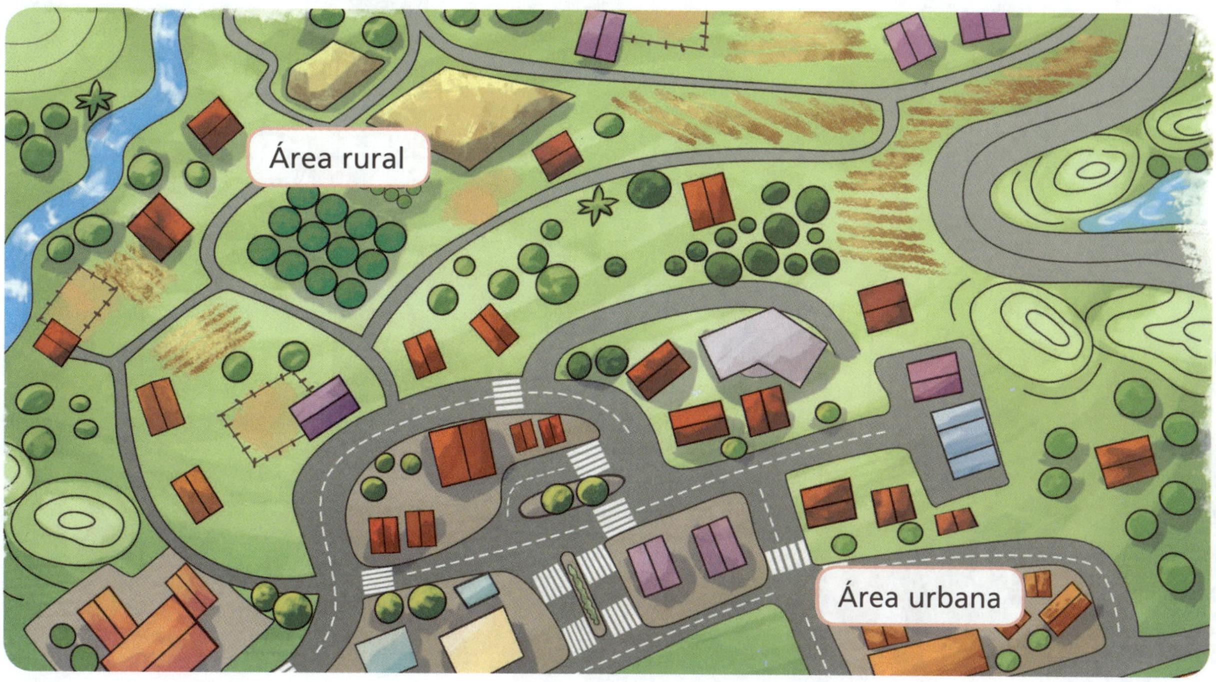

Tadeu tem um amigo chamado João, que mora em um município grande, com área urbana maior que a área rural, e uma amiga chamada Bia, que mora em um município pequeno, com a área rural maior que a área urbana. Veja as ilustrações desses dois municípios.

Município 1 – onde mora João

Município 2 – onde mora Bia

Ilustrações: Ilustra Cartoon/Arquivo da editora

Agora observe abaixo como podemos representar de outra maneira as paisagens dos municípios 1 e 2, que você viu na página anterior.

A legenda mostra símbolos para a identificação de alguns elementos que aparecem no mapa, facilitando a sua utilização – localizar-se, encontrar lugares, traçar os caminhos para chegar até eles, por exemplo.

Observe os símbolos que foram usados em cada mapa.

Mapa do município 1

Mapa do município 2

A localização do estado

Nas férias, Tadeu ia sair de Pernambuco, estado onde mora, para passar uma semana com sua tia Alice, que mora em Cabo Frio, no estado do Rio de Janeiro.

Antes de viajar, o garoto quis saber onde ficava o estado do Rio de Janeiro e o de Pernambuco. Seu pai mostrou-lhe um mapa do Brasil.

No mapa abaixo, ajude Tadeu a encontrar o estado onde ele mora e o estado onde mora a tia Alice.

Brasil: divisão estadual

Adaptado de: **Atlas geográfico escolar**. 6. ed. Rio de Janeiro: IBGE, 2012.

O pai de Tadeu também explicou ao menino que os **estados** são divididos em municípios.

Veja os mapas abaixo, em que Tadeu localizou o estado e o município onde mora.

Brasil: divisão estadual

Adaptado de: **Atlas geográfico escolar**. 6. ed. Rio de Janeiro: IBGE, 2012.

Pernambuco: divisão municipal

Adaptado de: IBGE. **Cidades@**. Disponível em: <www.cidades.ibge.gov.br>. Acesso em: 23 mar. 2015.

Atividades

1 Observe novamente os mapas das páginas anteriores e faça o que se pede.

a) O estado de Pernambuco é vizinho do estado do Rio de Janeiro?

....

b) Escreva o nome da capital do estado de Pernambuco.

....

c) Descubra e escreva abaixo o nome da capital do estado do Rio de Janeiro.

....

2 O município em que você mora:

◯ fica longe da capital do estado.

◯ fica próximo à capital.

◯ é a capital do estado.

3 Pesquise e escreva o nome dos municípios que são vizinhos ao município em que você mora.

ao norte

....

a oeste

....

a leste

....

ao sul

....

4 Localize, no mapa abaixo, o estado em que fica o município onde você mora.

a) Pinte no mapa o estado onde você vive.

Adaptado de: **Atlas geográfico escolar**. 6. ed. Rio de Janeiro: IBGE, 2012.

b) Ainda observando o mapa acima, procure identificar aproximadamente, no estado, a localização do município onde você vive.

A localização do país

Na conversa que Tadeu teve com o pai, o garoto ficou sabendo, entre outras coisas, a localização de alguns estados e municípios brasileiros.

O município de Cabo Frio fica no estado do Rio de Janeiro, enquanto o município do Recife localiza-se no estado de Pernambuco. Esses dois estados estão dentro do território do Brasil.

O pai de Tadeu explicou a ele que nosso **país** é dividido em estados.

O Brasil é formado por 26 estados e o Distrito Federal. Quem governa o Brasil é o presidente da República. A sede do governo fica em Brasília, no Distrito Federal.

Ilustra Cartoon/Arquivo da editora

Atividades

1 Ao viajar para Cabo Frio, Tadeu fez desenhos para mostrar aos primos o que havia aprendido na escola e também com o pai dele.

- Complete, abaixo, as frases que Tadeu disse.

a)

Esta é a ______________ onde moro.

b)

Esta é a ______________ onde fica minha casa.

c)

Este é o ______________________ onde moro. Ele fica no estado de Pernambuco.

d)

Aqui é o ______________________.

e)

Aqui é a ______________________.

f)

Ilustrações: Ilustra Cartoon/Arquivo da editora

E o nosso planeta, ____________.

2 Agora responda às perguntas a seguir para fazer as mesmas descobertas que Tadeu.

a) Em que rua você mora?

b) Em que bairro fica essa rua?

c) Em que município fica o bairro onde você mora?

d) Em que estado fica o município em que você vive?

e) Em que país fica esse estado?

f) Em que continente está situado esse país?

g) E onde estão todos esses lugares?

3 Pesquise e escreva o que se pede.

a) O nome do presidente do Brasil.

b) O nome do governador de seu estado.

4 Desenhe os lugares onde você vive.

a) Minha casa

b) O município onde moro

c) O estado onde moro

d) O país onde moro

Ideias em ação

Elaborando leis para seu município

Uma forma de mudar as condições de vida das pessoas é elaborar leis. Elas podem evitar conflitos e também trazer soluções para problemas que afetam muitas pessoas.

Você tem alguma proposta de lei para melhorar sua escola?

Material necessário

- cartolina
- canetinhas coloridas
- lápis
- borracha
- régua

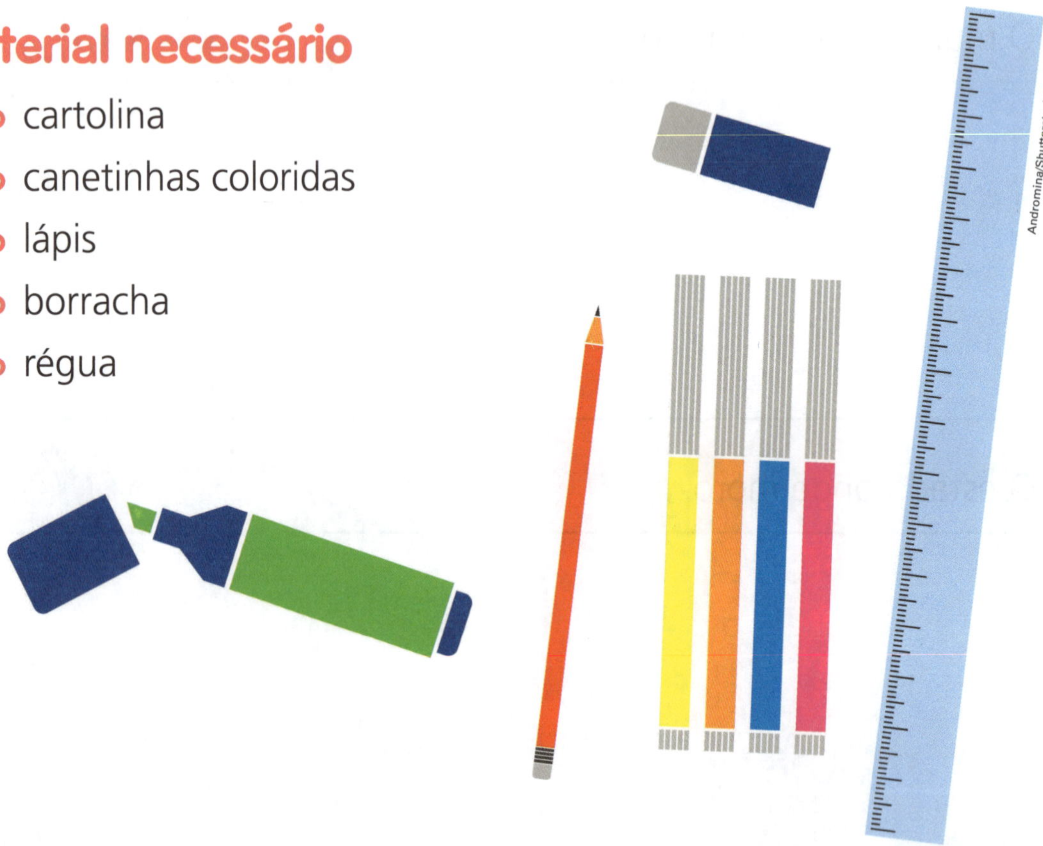

Andromina/Shutterstock/Glow Images

Como fazer

1. Com o auxílio do professor, reúnam-se em grupos de três a quatro alunos.
2. Discuta com os colegas do seu grupo quais problemas vocês consideram mais importantes em sua escola. Vocês devem selecionar apenas um problema para elaborar a lei.
3. Elaborem em conjunto regras que podem solucionar esse problema.

4. Anotem no espaço abaixo as medidas propostas pelo grupo.

Lei nº ....

O grupo ...., **no uso de suas atribuições, aprova e sanciona a seguinte lei:**

Art. 1º: ....

....

....

....

Art. 2º: ....

....

....

....

Art. 3º: ....

....

....

....

Art. 4º: ....

....

....

....

Esta lei entra em vigor na data de sua publicação.

5. Passe a limpo a lei na cartolina. Apresente para o restante da classe a lei que o seu grupo elaborou, depois fixe-a em um mural na sala de aula ou em outro espaço disponível na escola.

Livros

Unidade 1

Editora Cortez/Arquivo da editora

Na minha escola todo mundo é igual

Rossana Ramos e Priscila Sanson. São Paulo: Cortez.

O livro fala de uma escola em que todos os alunos convivem em harmonia, procurando superar as diferenças e dificuldades, até mesmo físicas, para que todos sejam realmente iguais.

Editora Scipione/Arquivo da editora

Tio Pedro, o pirata

Susannah Leigh. São Paulo: Scipione.

Bia vai encontrar seu tio Pedro, um pirata, no porto. Juntos, os dois descobrem um mapa do tesouro e resolvem fazer uma viagem de bote até chegarem ao local onde supostamente estaria o baú. Mas Bia acaba tendo uma deliciosa surpresa.

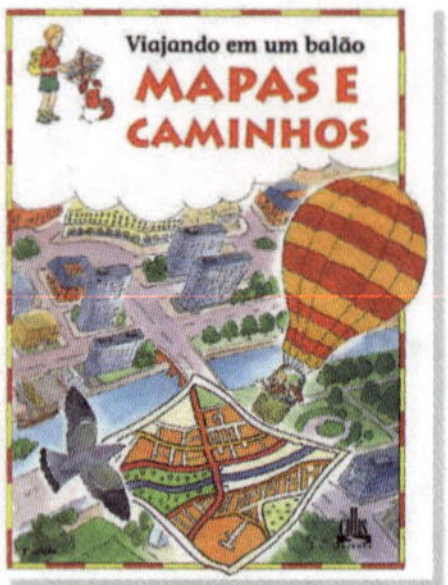

Editora Callis/Arquivo da editora

Viajando em um balão: mapas e caminhos

Kate Petty. São Paulo: Callis.

Por meio de uma linguagem simples e envolvente, você aprenderá a traçar mapas e entenderá elementos importantes da Cartografia.

Unidade 2

Editora Scipione/Arquivo da editora

A terra do povo da graça

Sérgio Serrano. São Paulo: Scipione.

Em nosso mundo, a natureza nos dá tudo de que necessitamos. Mas e se um dia a Terra parasse de nos fornecer matéria-prima e energia? O que aconteceria com as pessoas? Esta história nos faz pensar sobre como estamos tratando nosso planeta e os rumos que a humanidade está tomando.

Editora Scipione/Arquivo da editora

O treco de Noá: como se fabricam as coisas

René Escudié. São Paulo: Scipione.

Noá é um garoto que vive desmontando os objetos de casa para construir uma grande engenhoca. Em um dia de chuva, consegue terminar seu "treco", mas, para isso, quase enlouquece a família. A obra, que contém informações sobre o processo de fabricação de inúmeros produtos, da indústria alimentícia à construção civil, é um convite a olhar mais criticamente os objetos que nos cercam.

Editora Formato/Arquivo da editora

No planeta anão tem inflação?

Lilian Sypriano. São Paulo: Formato.

Vovô se tornou sócio de Mário Apolinário, um desconhecido, para quem alugou o porão da casa. Ali instalaram um escritório e vendiam passagens para Plutão, onde, segundo o estranho, não havia inflação. Vovô estava feliz com o novo trabalho. Mesmo alertado pelos familiares, que desconfiavam da honestidade de Apolinário, Vovô continuou ajudando o sócio no negócio, que ia de vento em popa, até o dia em que a polícia resolveu investigar...

Unidade 3

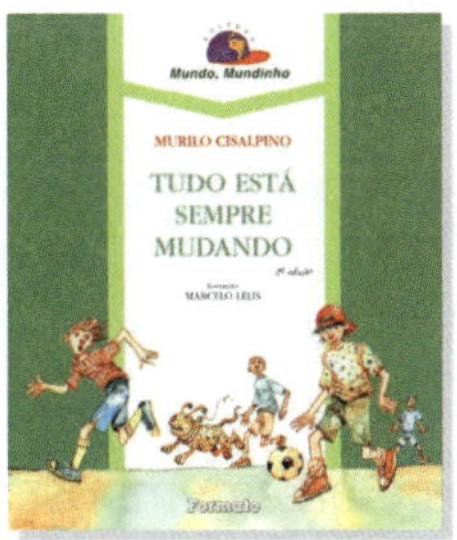

Editora Formato/Arquivo da editora

Tudo está sempre mudando

Murilo Cisalpino. São Paulo: Formato.

Voltando da escola, Mundinho vê o "campo de futebol" – lote vago onde ele e os amigos jogavam futebol – ocupado por tratores que o preparavam para a construção de um prédio. Aborrecido, ele conversa com o avô e reflete sobre o bairro onde mora: como era antigamente, como é agora e como será daqui a alguns anos.

Editora DCL/Arquivo da editora

Ai de ti, Tietê

Rogério Andrade Barbosa. São Paulo: DCL.

Um grupo de alunos reúne-se para realizar uma pesquisa escolar sobre o rio Tietê. O que antes parecia uma atividade pouco interessante torna-se uma descoberta deslumbrante, na qual passado, presente e futuro se mesclam, possibilitando aos alunos descobertas inesperadas.

Unidade 4

Editora Formato/Arquivo da editora

Festas

Marcelo Xavier. Belo Horizonte: Formato. (O folclore do mestre André).

O livro fala de manifestações importantes do folclore de diferentes regiões brasileiras, como a Festa do Boi, as Cavalhadas, os festejos de Nossa Senhora dos Navegantes, e estimula o leitor a participar das festividades da região onde mora.

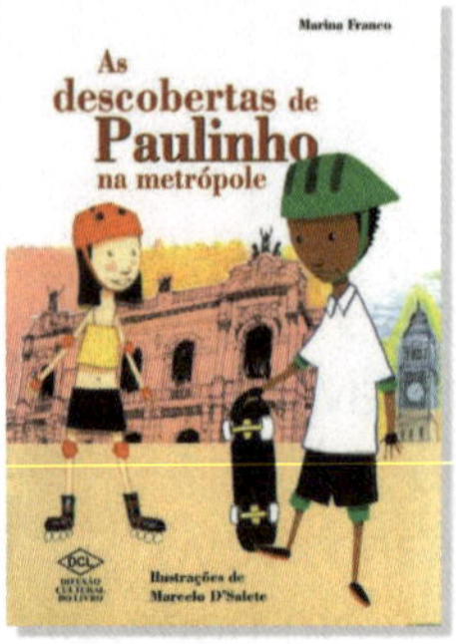

Editora DCL/Arquivo da editora

As descobertas de Paulinho na metrópole

Marina Franco. São Paulo: DCL.

Um garoto, seu *skate* e uma cidade para conhecer. São Paulo brilha aos olhos de Paulinho, um garoto curioso, que conhece muitas pessoas durante um passeio e descobre surpreendentes histórias sobre sua cidade.

Sites@

Reprodução/http://7a12.ibge.gov.br

IBGE para crianças

<http://7a12.ibge.gov.br>

Neste *site* você encontrará, numa linguagem acessível, informações importantes sobre o Brasil e o mundo. Acesse-o e aprenda muito mais do que você já sabe!

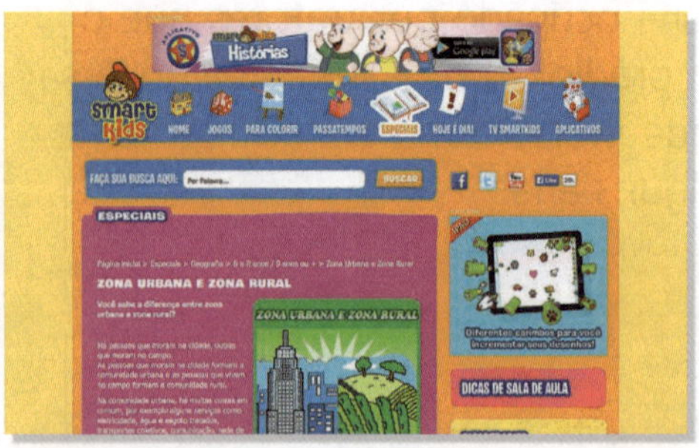

Reprodução/http://www.smartkids.com.br/especiais/zona-urbana-e-zona-rural.html

Smartkids

<www.smartkids.com.br>

Este site oferece textos, atividades, jogos e passatempos para você aprender e se divertir, sozinho ou com os colegas. Acesse a seção "especiais" e saiba um pouco mais sobre áreas rurais e urbanas e muitos outros assuntos interessantes.

Reprodução/http://chc.cienciahoje.uol.com.br

Ciência Hoje das Crianças

<http://chc.cienciahoje.uol.com.br>

Neste *site* sempre é possível encontrar temas ligados aos grandes problemas de hoje, como: desmatamento, destino do lixo no mundo, etc. Traz ainda vídeos, passatempos e brincadeiras para você aprender brincando. Aproveite!

@*Sites* acessados em 23 mar. 2015.

Árvore genealógica (p. 60):

representação, que pode ser feita em forma de árvore, com o nome das pessoas que fazem parte das diversas gerações de uma família.

Aterros (p. 168):

terrenos cobertos com terra ou nos quais se fez trabalho de nivelação, ou seja, foram deixados planos.

Delfim Martins/Pulsar Imagens

Aterro de terreno para a construção de um canal em Cabrobó (PE), 2010.

Barragens (p. 169):

construções, geralmente de pedra e concreto, destinadas a barrar ou represar águas; represas.

Bombas (p. 187):

máquinas usadas para extrair água de um lugar e levar a outro através de tubos e encanamento.

Canalizando (p. 169):

fazendo escorrer a água por canais, valas e canos.

Colonizaram (p. 92):

transformaram um local em colônia; exploraram aquele local como se fosse sua propriedade.

Constituição (p. 157):

principal lei de uma nação. São normas que determinam a forma de governo e as responsabilidades dos poderes públicos: garantem a liberdade e a independência dos cidadãos e estabelecem os direitos e deveres dos indivíduos e do Estado.

Desgastada (p. 178):

que se gastou aos poucos.

Desigualdade (p. 93):

situação em que duas ou mais coisas não são iguais entre si.

Devastada (p. 200):

destruída.

Ernesto Reghran/Pulsar Imagens

Área de selva amazônica devastada em Manicoré (AM), 2009.

Eleições diretas (p. 215):

eleições em que o eleitor vota diretamente no candidato que exercerá determinado cargo, sem intermediários.

Empreitada (p. 159):

trabalho com pagamento previamente combinado e pago ao todo, não por dias ou mês.

Fronteira (p. 183):

limite; linha demarcatória que separa um país de outro.

Gerson Gerloff/Pulsar Imagens

Bandeiras hasteadas na trecho da fronteira entre Brasil e Uruguai. Foto de 2010.

Geração (p. 57):

conjunto de pessoas que têm idades semelhantes.

Governo (p. 214):

conjunto de órgãos responsáveis pela administração pública. Esses órgãos administram o país com o poder dado pelo povo. Também é chamado governo o conjunto dos dirigentes do Poder Executivo do Estado.

Grupo social (p. 92):

conjunto de pessoas que se relacionam por viverem na mesma sociedade e terem algo em comum (interesses, nacionalidade, classe social, por exemplo).

Imantada (p. 130):

com ímã; magnetizada.

Impostos (p. 156):

valores que o Estado exige das pessoas e das empresas. Os impostos são utilizados para financiar os serviços públicos universais, isto é, aqueles que devem ser prestados para beneficiar todas as pessoas.

Legítima (p. 46):

que está conforme a lei; que está determinada pela justiça.

Pontos de referência (p. 114):

lugares ou construções mais conhecidos ou importantes que facilitam a localização pelas pessoas.

Pragas (p. 151):

insetos ou moléstias (doenças) que atacam as plantas ou os animais.

Privatizações (p. 157):

atos de desestatizar, ou seja, de transferir o que é do Estado ou o que é feito por ele para o controle de uma empresa privada, isto é, particular.

Provisoriamente (p. 46):

temporariamente.

Reservatórios (p. 187):

áreas em que se armazena a água já tratada para consumo da população.

Usinas hidrelétricas (p. 186):

locais que geram energia elétrica por meio de turbinas acionadas por uma corrente de água.

Cris Berger/Olhar Imagem

Usina hidrelétrica em Itaipu (PR), 2007.

ALENCAR, E. M. S. S. (Org.). *Novas contribuições da psicologia aos processos de ensino e aprendizagem*. 4. ed. São Paulo: Cortez, 2001.

ALMANAQUE Abril. São Paulo: Abril, 2008.

ALMEIDA, R. D. de (Org.). *Cartografia escolar*. São Paulo: Contexto, 2007.

ALMEIDA, T. T. de O. *Jogos e brincadeiras no Ensino Infantil e Fundamental*. São Paulo: Cortez, 2005.

ARRIBAS, T. L. *Educação Infantil*: desenvolvimento, currículo e organização escolar. 5. ed. Tradução de Fátima Murad. Porto Alegre: Artmed, 2004.

BASACCHI, M. *Origem das datas comemorativas*. São Paulo: Paulinas, 2000.

BITTENCOURT, C. (Org.). *O saber histórico na sala de aula*. São Paulo: Contexto, 2001.

BRAGA, M. et al. *Breve história da ciência moderna:* das máquinas do mundo ao universo-máquina. Rio de Janeiro: Jorge Zahar, 2004.

BRASIL. Ministério da Educação e do Desporto. *Ensino Fundamental de nove anos:* orientações para a inclusão da criança de seis anos de idade. Brasília: MEC/SEB/FNDE, 2006.

______. Ministério da Educação e do Desporto. *Pró-letramento:* Programa de formação continuada de professores das séries iniciais do Ensino Fundamental. Brasília: MEC/SEB/FNDE, 2006.

______. Ministério da Educação e do Desporto. Secretaria da Educação Fundamental. *Parâmetros Curriculares Nacionais:* História e Geografia. Brasília: MEC/SEF, 1997.

______. Ministério da Educação e do Desporto. Secretaria de Educação Fundamental. *Parâmetros Curriculares Nacionais:* temas transversais: Apresentação, Ética, Pluralidade Cultural, Orientação Sexual. Brasília: MEC/SEF, 1997.

______. Ministério da Educação e do Desporto. Secretaria de Educação Fundamental. *Referencial Curricular Nacional para Educação Infantil*. Brasília, 1998.

BRITO, T. A. de. *Música na Educação Infantil:* proposta para formação integral da criança. São Paulo: Peirópolis, 2003.

BUENO, E. *A viagem do descobrimento:* a verdadeira história da expedição de Cabral. Rio de Janeiro: Objetiva, 1998.

BUSQUETS, M. D. et al. *Temas transversais em educação:* bases para uma formação integral. São Paulo: Ática, 2000.

CALDEIRA, J. et al. *Viagem pela História do Brasil*. São Paulo: Companhia das Letras, 1997.

CAPRA, F. et al. *Alfabetização ecológica:* a educação das crianças para um mundo sustentável. Tradução de Carmen Fischer. São Paulo: Cultrix, 2006.

CASCUDO, L. da C. *Made in Africa*. São Paulo: Global, 2002.

CASTRO, S. *A carta de Pero Vaz de Caminha*. Porto Alegre: L&PM, 1996.

COLL, C.; TEBEROSKY, A. *Aprendendo História e Geografia*. São Paulo: Ática, 2000.

CÓRIA-SABINE, M. A.; LUCENA, R. F. *Jogos e brincadeiras na Educação Infantil*. São Paulo: Papirus, 2004. (Papirus Educação).

COSTA, M. de F.; DIENER, P. *A América de Rugendas:* obras e documentos. São Paulo: Estação Liberdade/Kosmos, 1999.

CUBERES, M. T. G. *Educação Infantil e séries iniciais:* articulação para a alfabetização. Tradução de Cláudia Schilling. Porto Alegre: Artmed, 1997.

CUNHA, N. H. S. *Criar para brincar:* a sucata como recurso pedagógico. São Paulo: Aquariana, 2005.

DEVRIES, R.; ZAN, B.; HILDEBRANDT, C.; EDMIASTON e SALES, C. E. *O currículo construtivista na Educação Infantil:* práticas e atividades.Tradução de Vinicius Figueira. Porto Alegre: Artmed, 2004.

DOW, K.; DOWNING, T. E. *O atlas da mudança climática:* o mapeamento completo do maior desafio do planeta. Tradução de Vera Caputo. São Paulo: Publifolha, 2007.

DUARTE, M. *O guia dos curiosos:* invenções. São Paulo: Panda Books, 2007.

ENCICLOPÉDIA Barsa. São Paulo: Barsa Planeta Internacional Ltda., 2007.

ENCICLOPÉDIA Britânica. *O mundo da criança*. São Paulo/Rio de Janeiro: Encyclopaedia Britannica Publicações, 1995. v. 4, 11, 13 e 16.

ENCICLOPÉDIA do espaço e do Universo. São Paulo: Globo Multimídia, 2000. (Descobrir).

ENCICLOPÉDIA Geográfica e Enciclopédia da Ciência. *História do mundo*. São Paulo: Globo Multimídia, 2005. v. 2. (Descobrir).

ESTEBAN, M. T. *O que sabe quem erra? Reflexões sobre avaliação e fracasso escolar*. 4. ed. Rio de Janeiro: DP&A, 2006.

FAZENDA, I. C. A. *Dicionário em construção:* interdisciplinaridade. São Paulo: Cortez, 2001.

FILIZOLA, R.; KOZEL, S. *Didática de Geografia. Memória da Terra: o espaço vivido*. São Paulo: FTD, 1996.

GADOTTI, M. *Pedagogia da Terra*. São Paulo: Peirópolis, 2000.

GÂNDAVO, P. de M. *A primeira História do Brasil:* História da Província de Santa Cruz que vulgarmente chamamos Brasil. Rio de Janeiro: Jorge Zahar, 2004.

GARDNER, H. *Mentes que mudam:* a arte e a ciência de mudar as nossas ideias e as dos outros. Tradução de Maria Adriana Veronese. Porto Alegre: Artmed, 2005.

GOULART, I. B. *Piaget:* experiências básicas para utilização pelo professor. Petrópolis: Vozes, 2003.

GUZZO, V. *A formação do sujeito autônomo:* uma proposta da escola cidadã. Caxias do Sul: Educs, 2004. (Educare).

HARRIS, R.; NOLTE, D. L. *As crianças aprendem o que vivenciam*. Tradução de Maria Luiza Newlands Silveira. Rio de Janeiro: Sextante, 2003.

HORTA, C. F. de M. M. *O grande livro do folclore*. Belo Horizonte: Leitura, 2004.

IBGE. *Atlas geográfico escolar*. 4. ed. Ministério do Planejamento, Orçamento e Gestão. Rio de Janeiro, 2007.

KARNAL, L. *História na sala de aula:* conceitos, práticas e propostas. 5. ed. São Paulo: Contexto, 2007.

KOHL, M. F. *Iniciação à arte para crianças pequenas*. Tradução de Roberto Cataldo Costa. Porto Alegre: Artmed, 2005.

KRAEMER, L. *Quando brincar é aprender*. São Paulo: Loyola, 2007.

LUCKESI, C. C. *Avaliação da aprendizagem escolar:* estudos e proposições. 18. ed. São Paulo: Cortez, 2006.

MARZANO, R. J.; PICKERING, D. J.; POLLOCK, J. E. *O ensino que funciona*: estratégias baseadas em evidências para melhorar o desempenho dos alunos. Tradução de Magda Lopes. Porto Alegre: Artmed, 2008.

MAURO, H. *O descobrimento do Brasil*. Rio de Janeiro: Ministério da Cultura/Funarte/Centro Técnico Audiovisual, 1937. (Vídeo).

MEIRELLES FILHO, J. C. *O livro de ouro da Amazônia:* mitos e verdades sobre a região mais cobiçada do planeta. Rio de Janeiro: Ediouro, 2004.

MISSÃO Terra: o resgate do planeta. Agenda 21, feita por crianças e jovens. 3. ed. São Paulo: Melhoramentos, 1997.

MORIN, E. *A cabeça benfeita:* repensar, reformar o pensamento. Rio de Janeiro: Bertrand Brasil, 2001.

______. *A religação dos saberes:* o desafio do século XXI: jornadas temáticas. Tradução Flávia Nascimento. Rio de Janeiro: Bertrand Brasil, 2002.

PANIAGUA, G.; PALACIOS, J. *Educação Infantil:* resposta educativa à diversidade. Tradução de Fátima Murad. Porto Alegre: Artmed, 2007.

PENTEADO, H. D. *Metodologia do ensino de História e Geografia*. São Paulo: Cortez, 1994.

PERRENOUD, P. et al. *A escola de A a Z:* 26 maneiras de repensar a educação. Porto Alegre: Artmed, 2005.

PETTER, M.; FIORIN, J. L. (Org.). *África no Brasil:* a formação da língua portuguesa. São Paulo: Contexto, 2008.

RUGENDAS, J. M. *Viagem pitoresca através do Brasil*. Belo Horizonte: Itatiaia, 1998.

SCHILLER, P.; ROSSANO, J. *Ensinar e aprender brincando: mais de 750 atividades para Educação Infantil*. Tradução de Ronaldo Cataldo Costa. Porto Alegre: Artmed, 2008.

SCHMIDT, M. A.; CAINELLI, M. *Ensinar História*. São Paulo: Scipione, 2004.

SILVA, A. da C. E. *Um rio chamado Atlântico. A África no Brasil e o Brasil na África*. Rio de Janeiro: Nova Fronteira/Ed. da UFRJ, 2003.

SILVA, J. F. da; HOFFMANN, J.; ESTEBAN, M. T. (Org.). *Práticas avaliativas e aprendizagens significativas:* em diferentes áreas do currículo. Porto Alegre: Mediação, 2003.

SPÓSITO, E. S. *A vida nas cidades*. São Paulo: Contexto, 2001.

TUFANO, D. (Comentários e notas). *A carta de Pero Vaz de Caminha*. São Paulo: Moderna, 1999.

VERÍSSIMO, F. S. et al. *Vida urbana:* a evolução do cotidiano da cidade brasileira. Rio de Janeiro: Ediouro, 2001.

Material de apoio

3º ANO

Caderno de criatividade e alegria

Gontza/Shutterstock/Glow Images

editora scipione

A história da família

Encontre no diagrama a seguir nomes de cinco objetos que podem contar um pouco da história de uma família.

Ilustrações: Ilustra Cartoon/Arquivo da editora

I	D	N	K	Q	E	O	T	W	Z	H
F	O	T	O	G	R	A	F	I	A	S
Á	C	I	E	S	C	R	V	E	D	O
F	U	S	U	É	H	O	M	Á	S	X
D	M	X	Ã	R	O	U	P	A	S	Y
T	E	U	W	G	Õ	H	Ç	Z	F	U
V	N	T	M	N	S	Q	F	A	B	Í
R	T	Ç	Ú	T	D	I	N	O	V	M
E	O	A	L	O	U	Ç	A	S	G	A
X	S	B	S	N	Q	V	M	P	D	L
O	N	R	B	Z	P	J	Z	U	Q	O
R	E	L	Ó	G	I	O	S	W	R	L
T	O	K	E	G	H	U	L	Ô	A	P

- Agora, escreva o nome dos objetos que você encontrou no diagrama.

Árvore genealógica

Reúna fotos dos membros da sua família e cole-as na figura para montar sua árvore genealógica. Se não tiver fotos, você pode fazer desenhos!

Depois, recorte a figura abaixo e cole o suporte no verso do tronco da árvore.

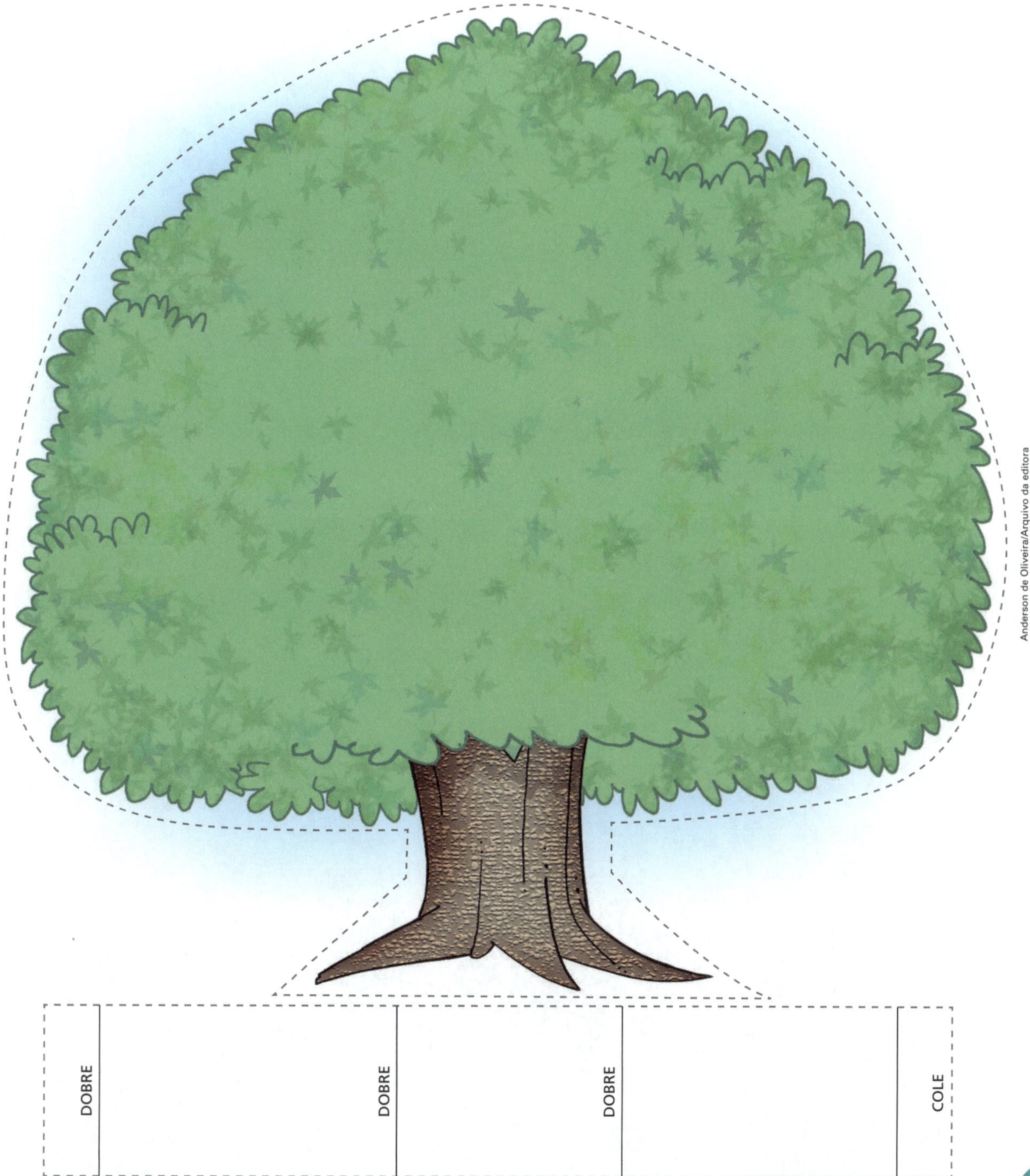

Exposição de fotos

Imagine que você é um historiador e vai realizar uma exposição na biblioteca do seu município. Nessa exposição haverá dois murais: um com fotografias antigas e um com fotografias atuais.

Observe as fotos a seguir e indique nos quadrinhos se elas são antigas ou atuais. Em seguida, escreva uma legenda para cada foto.

Luiz Carlos Murauskas/Folhapress

....

Martha Holmes//Time Life Pictures/Getty Images

....

Arquivo/Agência Estado

....

Andresr/Shutterstock/Glow Images

....

Dê o preço

Imagine que você chegou ao supermercado e que todos os produtos estavam fora das prateleiras. Será que você consegue colocar os itens de volta no lugar? Recorte os produtos e as etiquetas com preço da página seguinte e cole-os nas prateleiras abaixo.

Se quiser, crie produtos novos e dê um preço para eles.

Ilustra Cartoon/Arquivo da editora

R$0,80 | R$1,00 | R$1,00 | R$1,00 | R$1,20 | R$1,50 | R$1,50

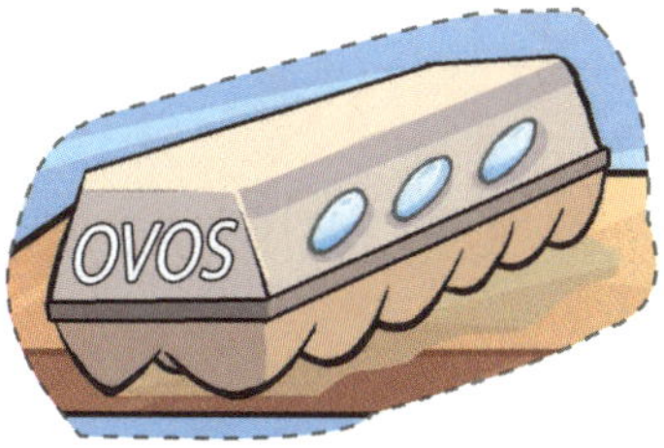

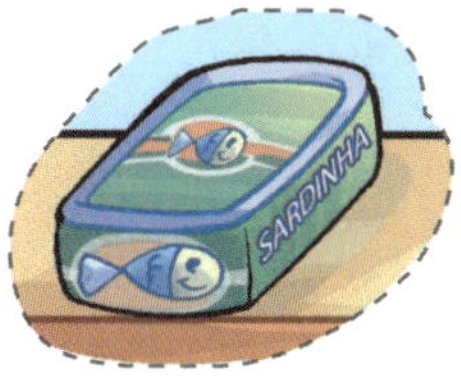

R$10,00 | R$3,00 | R$6,00 | R$6,00

R$1,70 | R$2,00 | R$3,00 | R$7,00

Ilustrações: Ilustra Cartoon/Arquivo da editora

Direitos da criança

Destaque as peças desta página e da página 11 e monte o quebra-cabeça juntando cada direito a uma ilustração. Depois, cole-o numa folha à parte.

Ilustrações: Ilustra Cartoon/Arquivo da editora

Ilustrações: Ilustra Cartoon/Arquivo da editora

Direito à igualdade, sem distinção de raça, religião ou nacionalidade.

Direito a especial proteção para o seu desenvolvimento físico, mental e social.

Direito à educação e a cuidados especiais para a criança física ou mentalmente deficiente.

Direito à alimentação, à moradia e à assistência médica adequadas para a criança e a mãe.

Direito a um nome e a uma nacionalidade.

Direito ao amor e à compreensão por parte dos pais e da sociedade.

Direito à educação gratuita e ao lazer infantil.

Direito a ser socorrida em primeiro lugar, em caso de catástrofes.

Direito a ser protegida contra o abandono e a exploração no trabalho.

Direito à proteção contra qualquer tipo de preconceito.

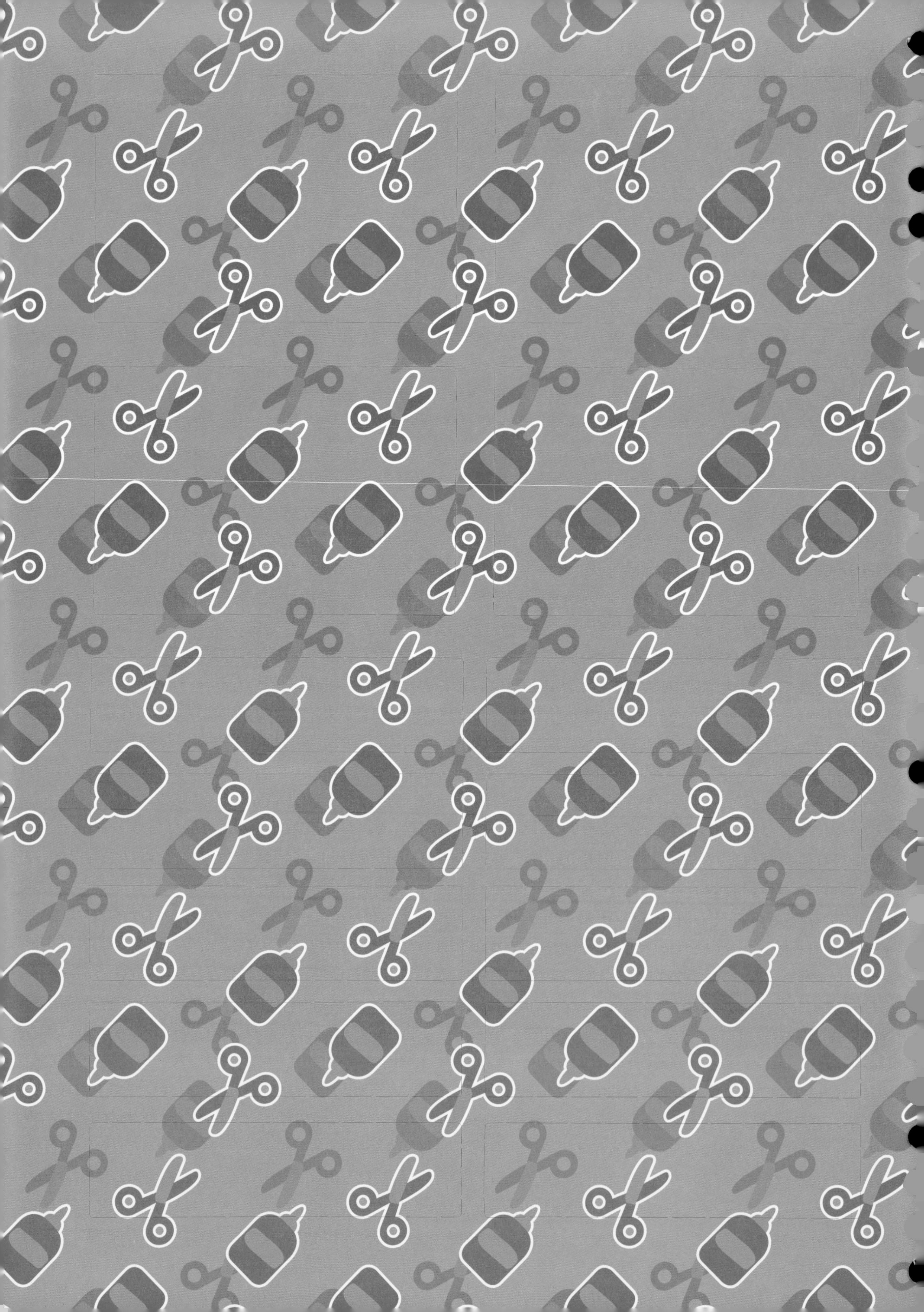

Três cartas, uma história

Este jogo deverá ser jogado por três ou mais pessoas.

1. Destaque as cartas a seguir e empilhe-as em três montes diferentes, conforme a cor do verso de cada carta.
2. Em seguida, um jogador escolherá uma carta de cada pilha.
3. Uma das cartas terá um personagem, a outra um local onde esse personagem vive ou costuma ir, e a terceira um objeto ou situação que tenha a ver com o personagem. Com essas três cartas em mãos, ele deverá contar, em um minuto, uma história que envolva os desenhos das três cartas.
4. Quando acabar o tempo, é a vez do próximo. Brinque até acabarem todas as cartas.

Ilustrações: Ilustra Cartoon/Arquivo da editora

Ilustrações: Ilustra Cartoon/Arquivo da editora

Ilustrações: Ilustra Cartoon/Arquivo da editora

Quebra-cabeça de um município

Destaque as peças abaixo e monte o seu quebra-cabeça. Você verá que o município possui muitos espaços.

Otávio Santos/Tyago Bonifácio/Shutterstock - Maraga

Material de apoio

3º ANO

Caderno de mapas

Aluno: ....

Escola: ....

editora scipione

Representação

Observe a seguir a imagem de satélite de um trecho da cidade de Belo Horizonte (MG).

Bairro Alípio de Melo, em Belo Horizonte (MG).

1 O croqui abaixo é uma interpretação da imagem de satélite. Complete-o de acordo com as instruções a seguir:

a) Pinte o rio e as áreas verdes.

b) Identifique as áreas residenciais – você pode usar símbolo ou cor.

c) Elabore um símbolo para representar o clube, a escola e a igreja.

d) Elabore a legenda.

Trecho do bairro Alípio de Melo, em Belo Horizonte (MG)

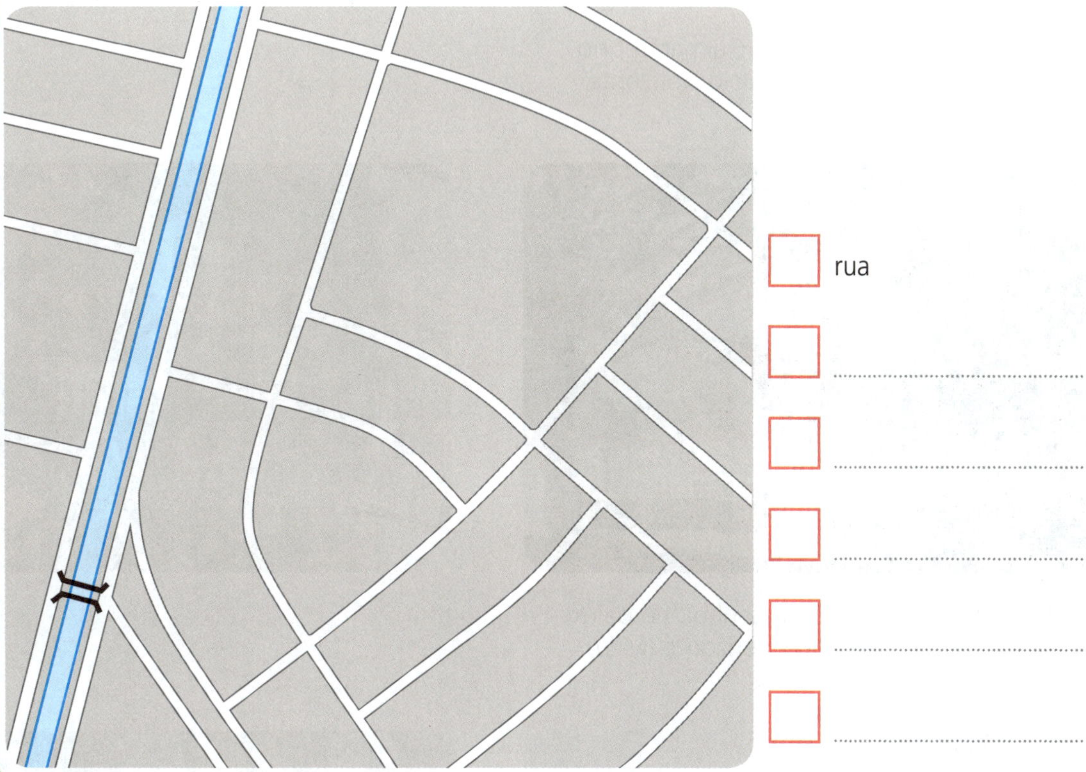

2 Que forma foi utilizada no croqui para representar:

a) a rua?

◯ ponto ◯ linha ◯ área

b) a área verde?

◯ ponto ◯ linha ◯ área

Nas imagens a seguir, você vai conhecer três lugares do bairro representado na página 2. Observe-as.

1

Mourão Panda/Fotoarena

2015 Google Earth/DigitalGlobe

Escola Prof. Alisson Pereira Guimarães, no bairro Alípio de Melo, em Belo Horizonte (MG), 2015.

2

Mourão Panda/Fotoarena

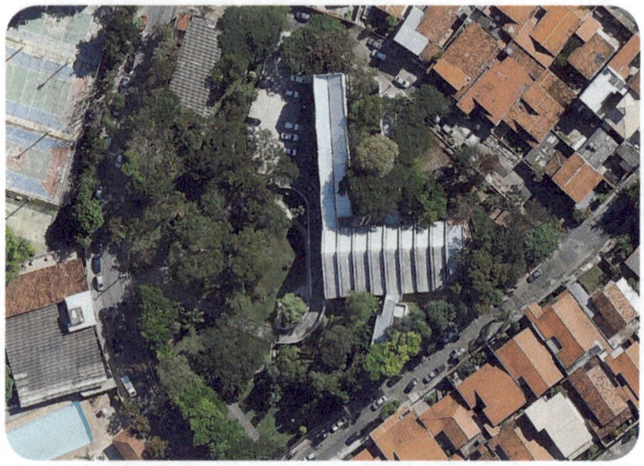

2015 Google Earth/DigitalGlobe

Paróquia Maria, Serva do Senhor, no bairro Alípio de Melo, em Belo Horizonte (MG), 2015.

3

Mourão Panda/Fotoarena

2015 Google Earth/DigitalGlobe

Grêmio Comunitário Alípio de Melo, no bairro Alípio de Melo, em Belo Horizonte (MG), 2015.

- A escola, o clube e a igreja do bairro vão ser representados em um mapa da cidade de Belo Horizonte. Desenhe nos espaços a seguir a forma que esses lugares poderiam ter no mapa.

O Monumento de Três Marcos, em Goiânia (GO), é mostrado de diferentes maneiras nas imagens a seguir. Observe-as.

Monumento de Três Marcos, em Goiânia (GO), 2015.

Monumento de Três Marcos, em Goiânia (GO), 2011.

Marcos André/Opção Brasil Imagens

Monumento de Três Marcos, em Goiânia (GO), 2013.

1 A que fotografia se refere cada uma das ilustrações a seguir?

Douglas Galindo/Arquivo da editora

2 Qual fotografia mostra a mesma visão dos mapas?

....

....

Observe novamente a imagem de satélite de um trecho da cidade de Goiânia (GO). Em seguida, responda à questão da página seguinte.

2015 Google Earth/DigitalGlobe

- Qual croqui corresponde à interpretação da imagem de satélite?

Banco de imagens/Arquivo da editora

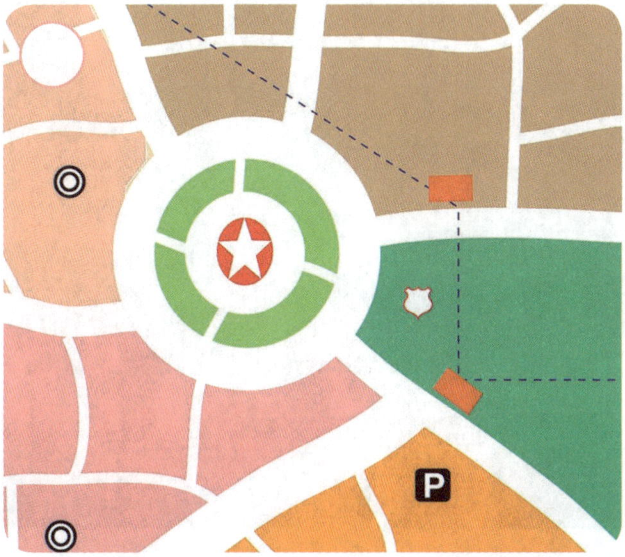

Serdar Tibet/Shutterstock

Seamartini Graphics/Shutterstock/Glow Images

Orientação

A imagem de satélite a seguir mostra um trecho da cidade de Macapá (AP).

2015 Google Earth/DigitalGlobe

1 Trace sobre a imagem os trajetos descritos a seguir. Atenção: utilize as cores indicadas.

a) Em vermelho:

Ao sair da escola, segui para o sul pela rua Jovino Dinoá. Entrei à direita na segunda travessa e segui direto, foi uma boa caminhada. Ao chegar à rua Hamilton Silva, entrei à direita e logo à frente já avistei a Secretaria de Obras.

b) Em verde:

Eu utilizei a porta de saída da Secretaria de Obras na avenida Maria Quitéria. Segui por essa rua a leste até seu fim, então virei à esquerda e logo em seguida, à direita. Entrei pela lateral da escola, na rua Cônego Domingos Maltês.

c) Em marrom:

Precisava chegar rápido à escola para buscar meu filho, então fiz o caminho mais curto: saindo da Secretaria de Obras, segui pela rua Desidério Antônio Coelho.

2 Agora é sua vez.

a) Trace um itinerário na imagem e descreva-o no espaço abaixo.

....

....

....

....

....

....

....

....

....

....

....

....

b) Leia sua descrição para um colega e peça que ele trace o caminho em sua imagem. Indique a ele uma cor para ser usada.

O mapa a seguir mostra um trecho da Região Metropolitana de São Paulo. Observe-o e faça o que se pede abaixo e na página seguinte.

Trecho da Região Metropolitana de São Paulo

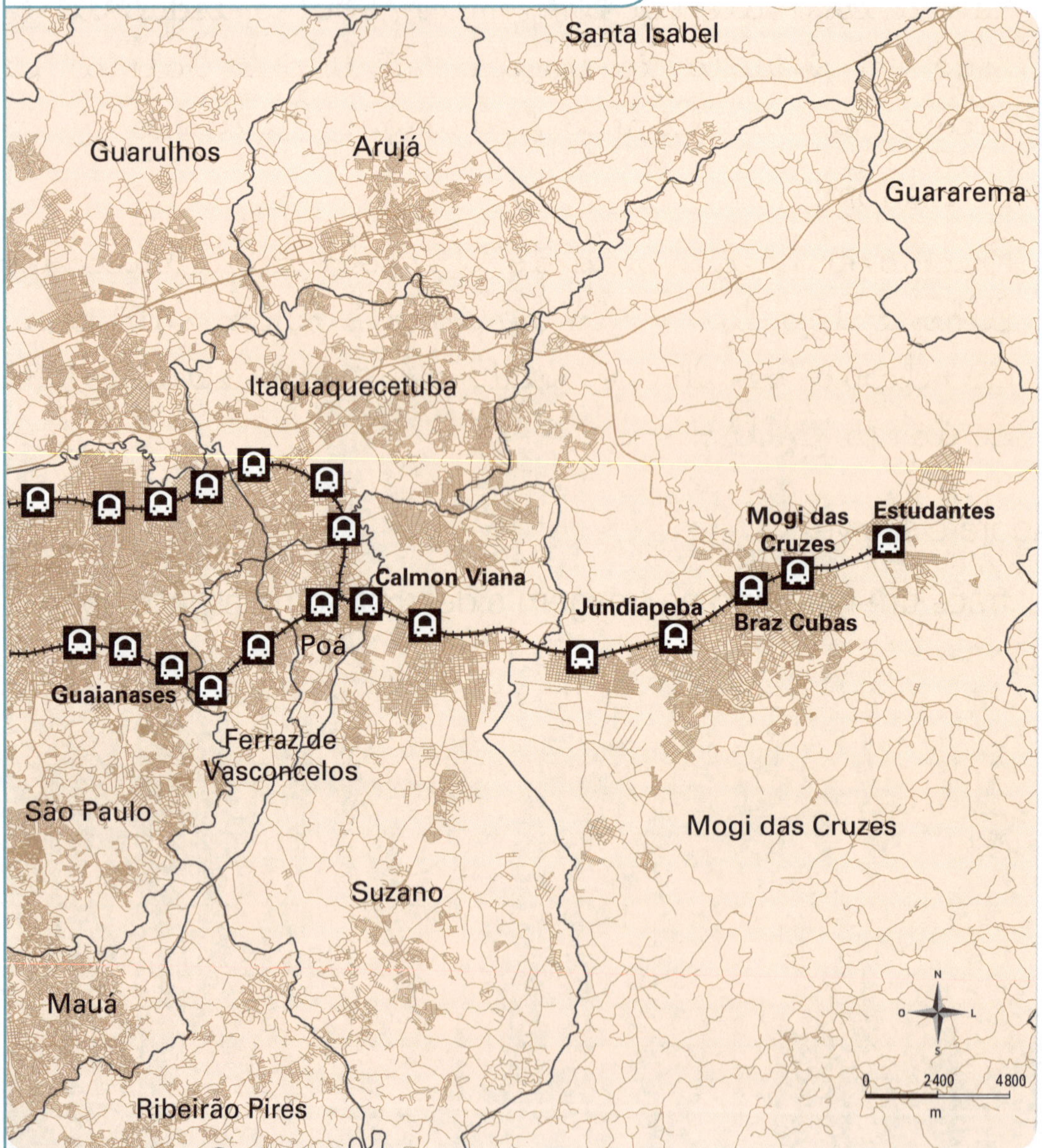

— ....

++++ ....

(símbolo de estação) ....

Centro de Estudos da Metrópole. Disponível em: <www.fflch.usp.br/centrodametropole>. Acesso em: 4 mar. 2015.

1 Complete a legenda do mapa.

2 Com o auxílio da rosa dos ventos, indique os municípios vizinhos de Poá:

Ao norte:

....

A oeste:

....

....

Poá

A leste:

....

Ao sul

....

3 Observe o esquema a seguir e faça o que se pede.

Jundiapeba — **Braz Cubas** — **Mogi das Cruzes** — **Estudantes**

a) Indique no esquema as direções leste e oeste. Você precisa consultar o mapa para descobrir essa informação.

b) Complete as frases a seguir com base na posição das estações.

A estação de Mogi das Cruzes está a .... da estação Estudantes e a .... da estação Braz Cubas.

A estação Braz Cubas fica a .... das estações Estudantes e Mogi das Cruzes, mas a .... da estação Jundiapeba.

4 Como a estação de trem, as ruas e o território dos municípios foram representados no mapa? Ligue as duas colunas.

estação de trem	linha
rua	área
território municipal	ponto

Na imagem de satélite a seguir vemos o entorno da estação Estudantes, em Mogi das Cruzes (SP).

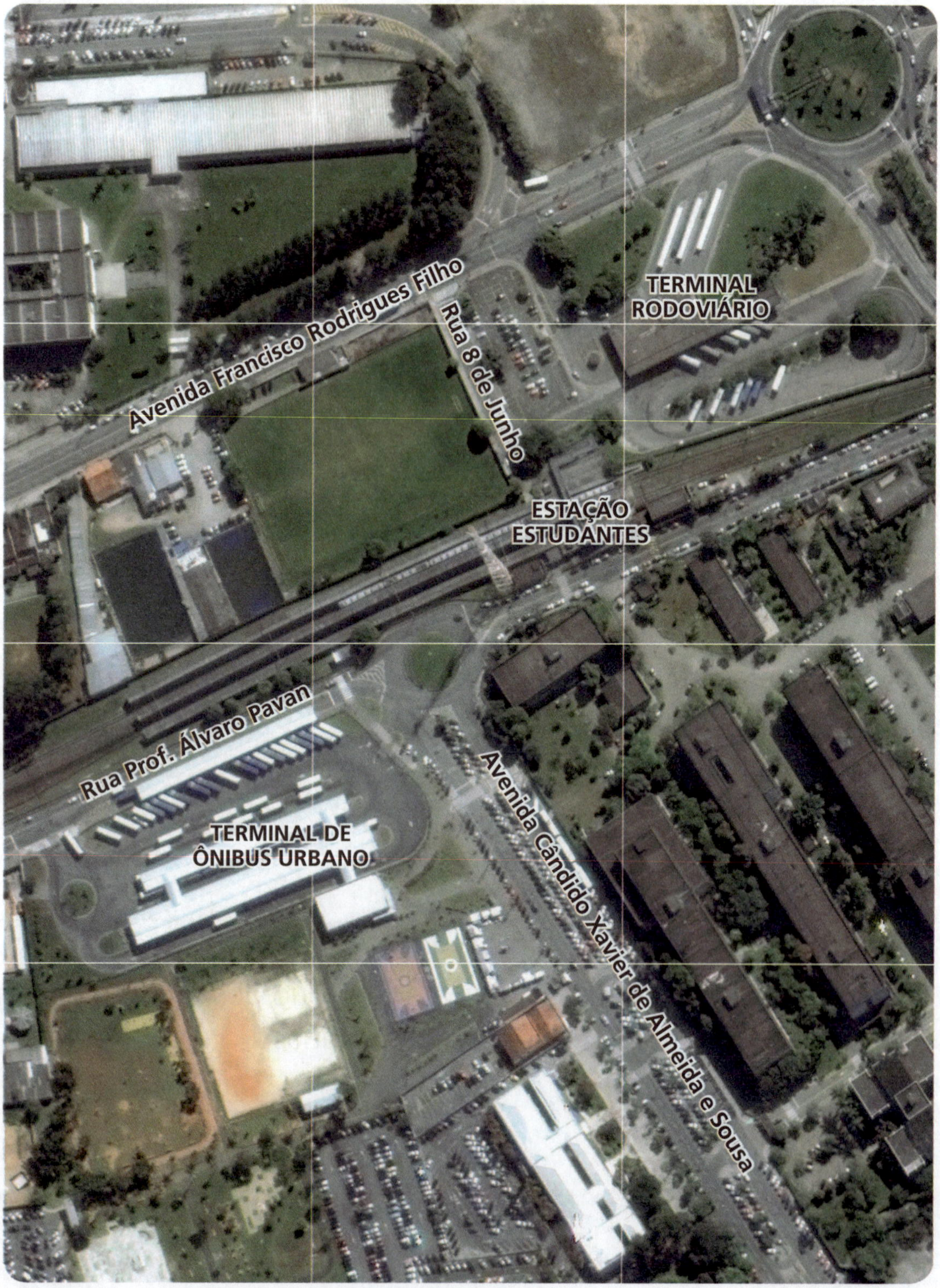

1 O croqui abaixo é uma interpretação da imagem de satélite. Complete-o de acordo com as instruções.

a) Pinte as áreas verdes e as construções.

b) Desenhe símbolos para representar o terminal urbano, o terminal rodoviário e a estação de trem.

c) Elabore a legenda e dê um título.

2 Complete o quadro a seguir indicando os elementos de acordo com sua posição.

Ao norte: ....
Linha de trem
Ao sul: ....

Sugestões de vídeos

24 Hours of World Air Traffic (24 horas de tráfego aéreo mundial)

<https://youtu.be/LrxalYXXBfl>

Essa animação mostra, sobre um planisfério, todos os voos realizados no mundo ao longo de um dia. Será que esse tipo de informação poderia ser representado na forma de um globo terrestre? Em inglês.

Closed Zone (Zona fechada)

<https://youtu.be/Hzqw7oBZT8k>

E se os limites do mapa formassem uma prisão? Essa animação mostra, com bom humor, as dificuldades vividas pela população da Faixa de Gaza, no Oriente Médio, que vive confinada em uma pequena extensão de terra. Em inglês.

Powers of Ten (Potências de dez)

<https://youtu.be/0fKBhvDjuy0>

Tudo começa com um piquenique no parque; utilizando o sistema métrico, vamos nos afastando da superfície da Terra e chegamos ao Universo. A escala, tão utilizada na elaboração de mapas, é um conteúdo matemático presente em diversos estudos, como a Astronomia. Em inglês.

São Paulo Miniatura

<https://vimeo.com/84058547>

Diversos lugares da cidade de São Paulo são mostrados nesse vídeo como se fossem miniaturas – o espectador fica em dúvida se algumas imagens são mesmo reais!

Reduzir as dimensões de uma metrópole tão grande como São Paulo é um passo importante para aprender a fazer mapas. Nesse vídeo você poderá imaginar quanto reduzimos o tamanho dos elementos para que sejam representados nos mapas.

Jogo da memória

Destaque as figuras desta página e da página 23 e embaralhe-as sobre uma mesa, com as figuras voltadas para baixo. Depois, para jogar, é só formar os pares de cartas corretamente.

Ilustrações: Ilustra Cartoon/Arquivo da editora

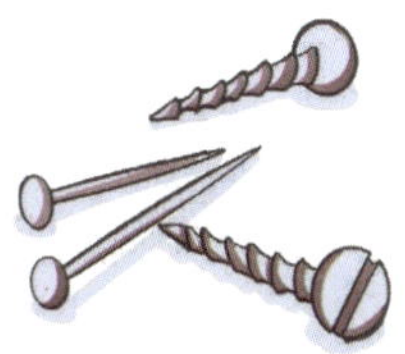

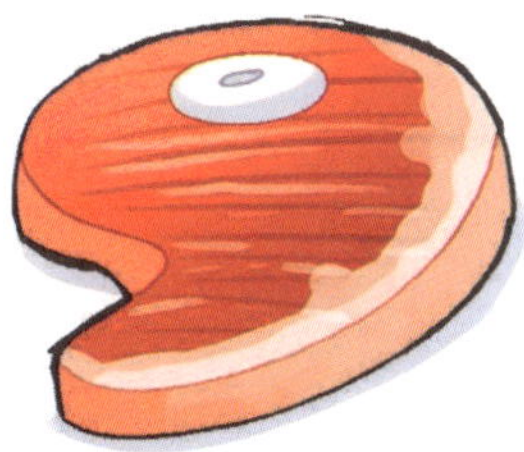

Ilustrações: Ilustra Cartoon/Arquivo da editora

As formas do relevo

As formas do relevo

Serra da Mantiqueira, no estado de Minas Gerais, 2010.

Rubens Chaves/Pulsar Imagens

O PICO DA NEBLINA É O PONTO MAIS ALTO DO BRASIL!

Pico da Neblina, no estado do Amazonas, 2008.

Armando Fávaro/Agência Estado

Vale do rio das Antas, no estado do Rio Grande do Sul, 2011.

Aleruaro/Pulsar Imagens

Planalto Serrano Catarinense, no município de Urubici (SC), 2008.

André Seale/Pulsar Imagens

Planície litorânea, no município de Cubatão (SP), 2007.

Maurício Simonetti/Pulsar Imagens

Chapada Diamantina, no estado da Bahia, 2008.

Werner Rudhart/kino.com.br

Depressão do Tocantins, no estado de Tocantins, 2006.

Luiz Cláudio Marigo/Tyba

Morro do Moreno, no estado do Espírito Santo, 2009.

Manuela Magalhães/Acervo da fotógrafa